근현대 전법 선맥(傳法禪脈)

75조 경허 성우(鏡虛 惺牛) 전법선사

오도송

홀연히 콧구멍 없는 소 되라는 말끝에　　忽聞人語無鼻孔
삼천계가 내 집임을 단박에 깨달았네　　頓覺三千是我家
유월의 연암산을 내려가는 길에서　　　六月鷰岩山下路
일없는 야인이 태평가를 부르노라　　　野人無事太平歌

76조 만공 월면(滿空 月面) 전법선사

전법게

구름과 달, 산과 계곡이라, 곳곳에서 같음이여　雲月溪山處處同
선가의 나의 제자 수산의 큰 가풍일세　　　　曳山禪子大家風
은근히 무문인을 그대에게 분부하니　　　　　慇懃分付無文印
이 기틀의 방편이 활안 중에 있노라　　　　　一段機權活眼中

* 제75조 경허 성우 전법선사 전함 / 제76조 만공 월면 전법선사 받음

77조 전강 영신(田岡 永信) 전법선사

전법게

불조도 전한 바 없어서　　佛祖未曾傳
나 또한 얻은 바 없음을…　我亦無所得
가을빛 저물어 가는 날에　此日秋色暮
뒷산의 원숭이가 울고 있네　猿嘯在後峰

* 제76조 만공 월면 전법선사 전함 / 제77조 전강 영신 전법선사 받음

78대 대원 문재현(大圓 文載賢) 전법선사

전법게

부처와 조사도 일찍이 전한 것이 아니거늘　佛祖未曾傳
나 또한 어찌 받았다 하며 준다 할 것인가　我亦何受授
이 법이 2천년대에 이르러서　　　　　　　此法二千年
널리 천하 사람을 제도하리라　　　　　　　廣度天下人

부송(付頌)

어상을 내리지 않고 이러-히 대한다 함이여　不下御床對如是
뒷날 돌아이가 구멍 없는 피리를 불리니　　後日石兒吹無孔
이로부터 불법이 천하에 가득하리라　　　　自此佛法滿天下

* 제77조 전강 영신 전법선사 전함 / 제78대 대원 문재현 전법선사 받음

이 오도송과 전법게는 대원 문재현 선사님께서 법리에 맞도록 새롭게 번역한 것입니다.

불조정맥 제 77조 대한불교 조계종 전강 대선사님께서는, 16세에 출가하여 23세 때 첫 깨달음을 얻고 25세에 인가를 받으셨다. 당대의 7대 선지식인 만공, 혜봉, 혜월, 한암, 금봉, 보월, 용성 선사님의 인가를 한 몸에 받으셨으며, 이 중 만공 선사님께 전법게를 받아 그 뒤를 이으셨다. 당대의 선지식들이 모두 극찬할 정도로 그 법이 뛰어나서 '지혜제일 정전강'이라 불렸다.

33세의 최연소의 나이로 통도사 조실을 하셨고, 법주사, 망월사, 동화사, 범어사, 천축사, 용주사, 정각사 등 유명선원 조실을 역임하시고 인천 용화사 법보선원의 조실로 일생을 마치셨다.

1975년 1월 13일, 용화사 법보선원의 천여 명 대중 앞에서 "어떤 것이 생사대사(生死大事)인고?" 자문한 후에 "악! 구구는 번성(飜成) 팔십일이니라."라고 법문한 뒤, 눈을 감고 좌탈입망하셨다.

다비를 하던 날, 화려한 불빛이 일고 정골에서 구슬 같은 사리가 무수히 나왔다. 열반하시기까지 한결같이 공안 법문으로 최상승법을 드날리셨으니 그 투철한 깨달음과 뛰어난 법, 널리 교화하기를 그치지 않으셨던 점에 있어서 한국 근대 선종의 거목이라 일컬어지고 있다.

불조정맥 제78대 대원 문재현 전법선사님
– 양대 강맥 전강대법회에서 법문 중 할을 하시는 모습

오로지 정법만을 깨닫기 서원합니다.

입을 열면 정법만을 설하기 서원합니다.

중생이 다하는 그날까지 교화하기 서원합니다.

– 대원 문재현 전법선사의 3대 서원

불교 8대 선언문

불교는 자신에게서 영생을 발견하게 한 유일한 종교이다.
불교는 자신에게서 모든 지혜를 발견하게 한 유일한 종교이다.
불교는 자신에게서 모든 능력을 발견하게 한 유일한 종교이다.
불교는 자신에게서 모든 것을 이루게 한 유일한 종교이다.
불교는 자신에게서 극락을 발견하게 한 유일한 종교이다.
불교는 깨달으면 차별 없어 평등하다는 유일한 종교이다.
불교는 모든 억압 없이 자신감을 갖게 한 유일한 종교이다.
불교는 그러므로 온 누리에 영원할 만인의 종교이다.

– 대원 문재현 전법선사 주창

전세계의 불교계에서 통일시켜야 할 일

경전의 말씀대로 32상과 80종호를 갖춘 불상으로 통일해야 한다.

예불 드리는 법을 통일해야 한다.

불공의식을 통일해야 한다.

– 대원 문재현 전법선사 주창

2015년 성불사 국제정맥선원 하계수련회 중 대원 문재현 선사님의 선화지도

대방광불화엄경

大 方 廣 佛 華 嚴 經

제 1 권

세주묘엄품

世 主 妙 嚴 品

도서출판 문젠(구, 바로보인)은 정맥선원에서 운영하고 있습니다.

* 인제산(人濟山) 성불사(成佛寺) 국제정맥선원
  경기도 포천시 내촌면 소리개길 86-178 ☎ 031-531-8805
* 인제산(人濟山) 이문절 포천정맥선원
  경기도 포천시 내촌면 소리개길 86-123 ☎ 031-532-1918
* 도봉산(道峯山) 도봉정사(道峯精舍) 서울정맥선원
  서울시 도봉구 도봉로 921 문젠빌딩 2층 ☎ 02-3494-0122
* 백양산(白楊山) 자모사(慈母寺) 부산정맥선원
  부산시 동래구 아시아드대로 114번길 10 대륙코리아나 2층 212호 ☎ 051-503-6460
* 자모산(慈母山) 육조사(六祖寺) 청도정맥선원
  경북 청도군 매전면 동산리 산 50 ☎ 010-4543-2460
* 광암산(光巖山) 성도사(成道寺) 광주정맥선원
  광주광역시 광산구 삼도광암길 34 ☎ 062-944-4088
* 대통산(大通山) 대통사(大通寺) 해남정맥선원
  전남 해남군 화산면 송계길 132-98 중정마을 ☎ 061-536-6366

바로보인 불법 ⊛

화 엄 경 1권

초판 1쇄 펴낸날 단기 4349년, 불기 3043년, 서기 2016년 7월 25일

역 저	대원 문재현 선사
펴 낸 곳	도서출판 문젠(Moonzen Press)
	11192, 경기도 포천시 내촌면 소리개길 86-178
	전화 031-534-3373 팩스 031-533-3387
신 고 번 호	2010.11.24. 제2010-000004호
윤 문 교 정	진성 윤주영, 증연 강영미
편 집 제 작	도명 정행태
전자책 제작	도향 하가연
표 지 그 림	현정(玄楨)
인 쇄	가람문화사

도서출판문젠   www.moonzenpress.com
정 맥 선 원   www.zenparadise.com
사막화방지국제연대(IUPD)   www.iupd.org

ⓒ 문재현, 2016. Printed in Seoul, Republic of Korea
값 15,000원
ISBN 978-89-6870-001-9 04220
ISBN 978-89-6870-000-2 (전81권)

華嚴十無頌 화엄십무송

- 대원 문재현 선사

無相法性常顯前
상이 없는 법성은 언제나 드러나 있고

無性諸法如谷響
성품이 없는 모든 법은 골짜기에 메아리 같도다

無外作處是自在
밖이 없이 짓는 곳을 이 자재라 하는 것이니

無非華嚴大道場
화엄 대도량 아님이 없음이로다

無窮無盡光神通
궁구할 수 없고 다함 없는 광명의 신통에서

無不出生三千界
삼천대천세계가 나오지 않음이 없도다

無碍相卽大自在
걸림이 없이 서로 즉한 대자재여

無爲之法是日常
함이 없는 법이 일상이로다

無有定法隨狀況
정한 법 없어 상황을 따름이여

無上無爲妙菩提
위 없고 함이 없는 묘보리로다

바로보인 불법 ⑧

화엄경(華嚴經) 1권

대원 문재현 선사 역저

一、세주묘엄품 ①
(世主妙嚴品)

서 문

가없이 크고 넓어 광대함이여!
모양 없는 그 가운데 본래 갖춤
증득한 지혜인이라야 아네

남섬부주 일체의 나툼이여
본래의 갖춤에 비하자면
천만억분의 일도 안 된다네

이러-히 온통 온통함이여!
모두 갖춘 본연한 이 장엄을
'대방광불화엄'이라 하네

단기(檀紀) 4345년
불기(佛紀) 3039년

무등산인 대원 문재현
(無等山人 大圓 文載賢)

차 례

서 문 7
일러두기 11

一、세주묘엄품(世主妙嚴品) ① 13

* 부처님께서 정각을 이루시다 - 정각 도량의 장엄 15
* 부처님세계의 첫 번째 교화 대중 - 보살마하살들 25
* 부처님세계의 두 번째 교화 대중 - 집금강천제들 31
* 부처님세계의 세 번째 교화 대중 - 신중천제들 35
* 부처님세계의 네 번째 교화 대중 - 족행천제들 37
* 부처님세계의 다섯 번째 교화 대중 - 도량천제들 39
* 부처님세계의 여섯 번째 교화 대중 - 주성천제들 41
* 부처님세계의 일곱 번째 교화 대중 - 주지천제들 43
* 부처님세계의 여덟 번째 교화 대중 - 주산천제들 45
* 부처님세계의 아홉 번째 교화 대중 - 주림천제들 47
* 부처님세계의 열 번째 교화 대중 - 주약천제들 49
* 부처님세계의 열한 번째 교화 대중 - 주가천제들 51
* 부처님세계의 열두 번째 교화 대중 - 주하천제들 53
* 부처님세계의 열세 번째 교화 대중 - 주해천제들 55

* 부처님세계의 열네 번째 교화 대중 - 주수천제들 57

* 부처님세계의 열다섯 번째 교화 대중 - 주화천제들 59

* 부처님세계의 열여섯 번째 교화 대중 - 주풍천제들 61

* 부처님세계의 열일곱 번째 교화 대중 - 주공천제들 63

* 부처님세계의 열여덟 번째 교화 대중 - 주방천제들 65

* 부처님세계의 열아홉 번째 교화 대중 - 주야천제들 67

* 부처님세계의 스무 번째 교화 대중 - 주주천제들 69

* 부처님세계의 스물한 번째 교화 대중 - 아수라왕들 71

* 부처님세계의 스물두 번째 교화 대중 - 가루라왕들 73

* 부처님세계의 스물세 번째 교화 대중 - 긴나라왕들 75

* 부처님세계의 스물네 번째 교화 대중 - 마후라가왕들 77

* 부처님세계의 스물다섯 번째 교화 대중 - 야차왕들 79

* 부처님세계의 스물여섯 번째 교화 대중 - 용왕들 81

* 부처님세계의 스물일곱 번째 교화 대중 - 구반다왕들 83

* 부처님세계의 스물여덟 번째 교화 대중 - 건달바왕들 85

* 부처님세계의 스물아홉 번째 교화 대중 - 월천자들 87

* 부처님세계의 서른 번째 교화 대중 - 일천자들 89

* 부처님세계의 서른한 번째 교화 대중 - 삼십삼천왕들 91

* 부처님세계의 서른두 번째 교화 대중 - 수야마천왕들 93

* 부처님세계의 서른세 번째 교화 대중 - 도솔타천왕들 95

* 부처님세계의 서른네 번째 교화 대중 - 화락천왕들 97

* 부처님세계의 서른다섯 번째 교화 대중 - 타화자재천왕들 99

* 부처님세계의 서른여섯 번째 교화 대중 - 대범천왕들 101

* 부처님세계의 서른일곱 번째 교화 대중 - 광음천왕들   103
* 부처님세계의 서른여덟 번째 교화 대중 - 변정천왕들   105
* 부처님세계의 서른아홉 번째 교화 대중 - 광과천왕들   107
* 부처님세계의 마흔 번째 교화 대중 - 대자재천왕들   109

대원선사 결문(決文)   111
미주   114
81권 화엄경 권과 품   116

부록1 불조정맥(佛祖正脈)   119
부록2 대원 문재현 선사님 인가 내력   125
부록3 21세기에 인류가 해야 할 일   135
부록4 가슴으로 부르는 불심의 노래
        - 대원 문재현 선사님이 작사한 곡   141

일러두기

1. 화엄경 본문을 지나치게 세밀하게 나누어 긴 주해를 싣지 않은 것은 그로 해서 원문의 흐름이 끊어지게 되지 않을까 하는 우려에서이다. 이런 까닭에 다만 수없이 장고(長考)하며 최대한 원문에 충실하게 번역하고 각권의 마지막이나 각품의 마지막에만 결문(結文)을 더하였다. 화엄경 본문이 이치적으로 더할 나위 없이 샅샅이 불화엄의 화장세계를 밝힌 것이라면 결문은 화엄경의 화장세계를 선(禪) 도리로 간략히 바로 끊어 보인 것이다. 이로써 경의 본뜻이 굴절 없이 전달되어 화엄의 세계가 독자의 세계가 되기를 바란다.

2. 요즈음 화엄경을 접한 이들이 최고의 경전이라 불리는 화엄경 첫머리부터 '신(神)'이라는 호칭으로 기록된 분들이 많은 것을 보고 의아하게 생각하는 경우가 있다. 화엄경의 첫머리인 세주묘엄품을 보면 이 '신(神)'이라는 호칭으로 기록된 분들이 불보살님의 화현이거나 보살마하살의 경지에서 행하는 분들임을 알 수 있다. 이런 까닭에 이 책에서는 '신(神)'을 '천제(天帝)'로 번역하였다. 예를 들면, '집금강신'은 '집금강천제'로 의역하였다. 천제는 그 세계를 다스리고 교화하는 분, 곧 깨달아, 삼매와 지혜와 덕과 신통과 방편과 변재를 갖추어서 다스리고 교화하는 분을 말한다.

3. 미주는 *로 표시하였다.

一 세주묘엄품

如是我聞 一時 佛 在摩竭提國阿蘭若法菩提場中 始成正覺 其地 堅固 金剛所成 上妙寶輪 及衆寶華 清淨摩尼 以爲嚴飾 諸色相海 無邊顯現 摩尼爲幢 常放光明 恒出妙音 衆寶羅網 妙香華瓔 周匝垂布 摩尼寶王 變現自在 雨無盡寶 及衆妙華 分散於地 寶樹 行列 枝葉光茂 佛神力故 令此道場一切莊嚴 於中影現

부처님께서 정각을 이루시다
    - 정각 도량의 장엄

이러-히 내가 들었다.

한 때에 부처님께서 마갈제국의 아란야법보리도량에 계시면서 비로소 정각을 이루셨다.

그 땅은 견고하여 금강으로 이루어졌고, 가장 훌륭한 보배바퀴와 갖가지 보배꽃과 청정한 마니로 장엄되어, 온갖 색상바다가 가없이 펼쳐졌다.

마니로 된 당기*는 항상 광명을 놓고 항상 묘한 음성을 내며, 갖가지 보배의 비단그물과 묘한 향기의 꽃영락이 두루 돌아 널리 드리워져 있었다.

마니보배왕*으로써 자재하게 변화시켜 나투어 보이니 다함 없는 보배와 여러 묘한 꽃들이 비 내리듯 그 땅에 뿌려졌다.

보배나무가 줄지어 있고 가지와 잎들은 빛나고 무성하였다.

부처님의 신통력으로 이 도량의 모든 장엄이 그 가운데 영상처럼 나타났다.

其菩提樹　高顯殊特　金剛爲身　琉璃爲幹　衆雜妙寶　以爲
枝條　寶葉扶疏　垂蔭如雲　寶華雜色　分枝布影　復以摩尼
而爲其果　含輝發焰　與華間列　其樹周圍　咸放光明　於光
明中　雨摩尼寶　摩尼寶內　有諸菩薩　其衆如雲　俱時出現
又以如來威神力故　其菩提樹　恒出妙音　說種種法　無有盡
極　如來所處宮殿樓閣　廣博嚴麗　充徧十方　衆色摩尼之所
集成　種種寶華　以爲莊校

보리수가 비할 바 없이 뛰어나게 높이 드러나니, 금강으로 몸이 되고 유리로 줄기가 되었으며 갖가지로 어우러진 묘한 보배가지에 보배잎들이 무성하여 구름같이 그늘을 드리우고, 온갖 빛깔의 보배꽃이 가지마다 피어 영상을 펼친 듯했다.

또 마니로 된 열매가 광명을 머금어 광채를 발하면서 꽃과 더불어 어우러져 그 나무의 둘레에 온통 광명을 놓았다.

광명 가운데 마니보배가 비 내리듯 하는데, 마니보배 안에 모든 보살들이 있고 대중이 구름과 같이 동시에 출현하였다.

또 여래*의 위신력*으로 이루어진 까닭에 그 보리수에서 항상 묘한 음성이 흘러나와 갖가지 법을 말함에 끝이 없었다.

여래께서 계시는 궁전과 누각은 넓고 아름답게 장엄되어 시방에 두루 가득하고, 온갖 빛깔의 마니가 모여 있었으며 갖가지 보배꽃으로 장식되었다.

諸莊嚴具 流光如雲 從宮殿間 華影成幢 無邊菩薩 道場
衆會 咸集其所 以能出現諸佛光明 不思議音 摩尼寶王 而
爲其網 如來自在神通之力 所有境界 皆從中出 一切衆生
居處屋宅 皆於此中 現其影像 又以諸佛神力所加 一念之
間 悉包法界 其師子座 高廣妙好 摩尼爲臺 蓮華爲網 清
淨妙寶 以爲其輪 衆色雜華 而作瓔珞 堂榭樓閣 階砌戶
牖 凡諸物像 備體莊嚴 寶樹枝果 周廻間列

모든 장엄구에서는 구름같이 광명이 흘러나오고 궁전 사이에서 빛살이 당기를 이루었다.

가없는 보살들과 도량의 대중들이 다 함께 그곳에 모였는데, 능히 (여래께서) 모든 부처님의 광명으로 부사의한 음성을 내어 나투셨다.

마니보왕으로 그물이 되었는데 여래의 자재한 신통의 힘으로서, 모든 경계가 모두 그 가운데로부터 나왔다.

모든 중생이 거처하는 집들도 다 이 속에서 영상처럼 나타났으니, 또한 모든 부처님께서 신통력을 베푼 바로서, 한 생각에 법계를 다 아우르셨다.

그 사자좌는 높고 넓으며 묘하고 훌륭하였으니, 좌대는 마니로 되어 있는데 연꽃그물로 덮였으며, 그 바퀴는 청정하고 묘한 보배로 이루어져 있었다.

온갖 빛깔의 갖가지 꽃으로 만든 영락, 집과 정자와 누각, 층계와 문 등 모든 물상들이 온전하게 장엄되었고, 보배나무는 가지와 열매가 어우러져 둘러싸고 있었다.

摩尼光雲 互相照耀 十方諸佛 化現珠王 一切菩薩 髻中
妙寶 悉放光明 而來瑩燭 復以諸佛威神所持 演說如來廣
大境界 妙音 遐暢 無處不及 爾時 世尊 處於此座 於一切
法 成最正覺 智入三世 悉皆平等 其身 充滿一切世間 其
音 普順十方國土 譬如虛空 具含衆像 於諸境界 無所分
別 又如虛空 普徧一切 於諸國土 平等隨入 身恒徧坐一
切道場 菩薩衆中 威光赫奕 如日輪出 照明世界

마니광명구름이 서로서로 비추어 빛나며, 시방의 모든 부처님들의 화현인 주왕(珠王)과 모든 보살들의 상투 가운데의 묘한 보배도 다 광명을 놓아 밝게 비추었다.

또한 모든 부처님의 위신력으로 갖추게 된 여래의 광대한 경계를 널리 설하는 묘한 음성이 멀리 통하여 미치지 않는 곳이 없었다.

이때에 세존께서 이 자리에 계시면서 모든 법에 있어서 최고의 바른 깨달음[最正覺]을 이루셨다. 지혜로 삼세가 모두 다 평등함에 든[入] 그 몸이 모든 세간에 온통 가득하고, 그 음성은 널리 시방의 국토에 이어졌다.

비유하건대 허공이 뭇 형상과 모든 경계를 온전히 머금었지만 분별함이 없는 것과 같았으며, 또 허공이 널리 일체에 두루하나 모든 국토에 평등하게 걸림없이 들어가는 것과도 같았다. 몸이 항상 모든 도량에 두루 앉으시어 보살대중 가운데 위엄 있는 광명*이 크게 빛남은 태양이 나와서 세계를 밝게 비추는 것과 같았다.

三世所行衆福大海 悉已淸淨 而恒示生諸佛國土 無邊色
相 圓滿光明 周徧法界 等無差別 演一切法 如布大雲 一
一毛端 悉能容受一切世界 而無障礙 各現無量神通之力
敎化調伏一切衆生 身徧十方 而無來往 智入諸相 了法空
寂 三世諸佛 所有神變 於光明中 靡不咸睹 一切佛土不
思議劫 所有莊嚴 悉令顯現

삼세에 행하신 온갖 복덕의 큰 바다가 이미 모두 청정하여 항상 모든 부처님 국토에 남을 보이고, 가없는 색상과 원만한 광명이 법계에 두루두루 차별 없이 평등하여, 모든 법을 베푸심이 큰 구름이 퍼지는 것과 같았다.

낱낱 털끝마다 능히 모든 세계를 수용하지만 걸림이 없고, 각각 한량없는 신통력을 나투어 모든 중생을 조복 받아 교화하며, 몸이 시방에 두루하여 오고 감이 없으셨다.

지혜로 모든 형상에 들어가지만 법이 공적함을 요달했고, 삼세 모든 부처님의 신통변화를 광명 가운데 모두 다 보이지 못함이 없으며, 모든 부처님 국토의 부사의한 겁의 모든 장엄들을 다 나타나게 하셨다.

有十佛世界微塵數菩薩摩訶薩　所共圍遶　其名曰普賢菩薩
摩訶薩　普德最勝燈光照菩薩摩訶薩　普光師子幢菩薩摩訶
薩　普寶焰妙光菩薩摩訶薩　普音功德海幢菩薩摩訶薩　普智
光照如來境菩薩摩訶薩　普寶髻華幢菩薩摩訶薩　普覺悅意
聲菩薩摩訶薩　普清淨無盡福光菩薩摩訶薩　普光明相菩薩
摩訶薩　海月光大明菩薩摩訶薩　雲音海光無垢藏菩薩摩訶
薩　功德寶髻智生菩薩摩訶薩　功德自在王大光菩薩摩訶薩
善勇猛蓮華髻菩薩摩訶薩　普智雲日幢菩薩摩訶薩　大精進
金剛臍菩薩摩訶薩　香焰光幢菩薩摩訶薩　大明德深美音菩
薩摩訶薩　大福光智生菩薩摩訶薩　如是等　而爲上首　有十
佛世界微塵數　此諸菩薩　往昔　皆與毘盧遮那如來　共集善
根　修菩薩行　皆從如來善根海生　諸波羅蜜　悉已圓滿

부처님세계의 첫 번째 교화 대중
    - 보살마하살들

  열 부처님*세계의 가는 티끌 수만큼의 보살마하살들이
함께 둘러 에워싸고 있었으니, 그들의 이름은 보현 보살마
하살과 보덕최승등광조 보살마하살과 보광사자당 보살마
하살과 보보염묘광 보살마하살과 보음공덕해당 보살마하
살과 보지광조여래경 보살마하살과 보보계화당 보살마하
살과 보각열의성 보살마하살과 보청정무진복광 보살마하
살과 보광명상 보살마하살과 해월광대명 보살마하살과 운
음해광무구장 보살마하살과 공덕보계지생 보살마하살과
공덕자재왕대광 보살마하살과 선용맹연화계 보살마하살과
보지운일당 보살마하살과 대정진금강제 보살마하살과 향
염광당 보살마하살과 대명덕심미음 보살마하살과 대복광
지생 보살마하살 등이다. 이와 같은 이들이 대중 가운데
가장 윗사람이 되어 열 부처님세계에 가는 티끌 수만큼
있었다. 이 모든 보살들은 지난 옛적에 모두 비로자나여
래에게서 선근을 모아 보살행을 닦았으므로 모두가 여래
의 선근바다로부터 나서 모든 바라밀이 이미 원만하고,

慧眼明徹　等觀三世　於諸三昧　具足清淨　辯才如海　廣大
無盡　具佛功德　尊嚴可敬　知衆生根　如應化伏　入法界藏
智無差別　證佛解脫　甚深廣大　能隨方便　入於一地　而以
一切　願海所持　恒與智俱　盡未來際　了達諸佛　希有廣大
祕密之境　善知一切佛　平等法　已踐如來　普光明地　入於
無量三昧海門　於一切處　皆隨現身　世法所行　悉同其事
總持廣大　集衆法海　辯才善巧　轉不退輪

혜안(慧眼)이 밝게 통하여 삼세를 평등하게 관하며, 모든 삼매를 구족하여 청정하고, 변재가 바다와 같아서 광대함이 다함 없었다.

부처의 공덕을 갖추어 존엄하여 공경스러우며, 중생의 근기를 알아서 응하여 교화해서 조복하게끔 하였다. 법계의 보배장[藏]*에 든[入] 차별 없는 지혜와 부처의 심히 깊고 광대한 해탈을 증득하여, 능히 방편을 따라 일지(一地)*에 들어가서 모든 것에 원력바다를 지님으로써 항상 갖추어진 지혜를 베풀어 미래제가 다하도록 모든 부처님의 희유하고 광대한 비밀경계를 요달하였다.

모든 부처님의 평등법을 잘 알고 여래의 넓은 광명의 땅을 이미 밟았으며, 한량없는 삼매바다의 문에 들어 일체처를 따라 몸을 나투어 세간법을 행하는 일을 모두 똑같이 하였다. 총지(總持, 다라니)가 광대하고 뭇 법해(法海)를 모았으며, 변재가 매우 공교로워서 물러나지 않는 법륜을 굴렸다.

一切如來　功德大海　咸入其身　一切諸佛　所在國土　皆隨
願往　已曾供養一切諸佛　無邊際劫　歡喜無倦　一切如來
得菩提處　常在其中　親近不捨　恒以所得普賢願海　令一切
衆生　智身具足　成就如是無量功德

모든 여래 공덕의 큰 바다를 그 몸에 모두 수용하였으니,
일체 모든 부처님께서 계시는 국토에 모두 따라가기를 원
해서, 이미 일찍이 일체 모든 부처님을 공양하여, 끝이 없
는 겁에 환희로워하며 게을리한 적이 없었다.

모든 여래께서 보리를 얻으신 그 가운데 항상 있어서 친
히 가까이하여 떠나지 않았으며, 항상 보현의 원력바다로
써 모든 중생으로 하여금 지혜의 몸을 구족케 하였으니
이와 같은 한량없는 공덕을 성취하였다.

復有佛世界微塵數執金剛神 所謂妙色那羅延執金剛神 日
輪速疾幢執金剛神 須彌華光執金剛神 清淨雲音執金剛神
諸根美妙執金剛神 可愛樂光明執金剛神 大樹雷音執金剛
神 師子王光明執金剛神 密焰勝目執金剛神 蓮華光摩尼
髻執金剛神 如是等 而爲上首 有佛世界微塵數 皆於往昔
無量劫中 恒發大願 願常親近供養諸佛 隨願所行 已得圓
滿 到於彼岸 積集無邊淸淨福業 於諸三昧所行之境 悉已
明達 獲神通力 隨如來住 入不思議解脫境界 處於衆會 威
光特達

부처님세계의 두 번째 교화 대중
  - 집금강천제들

또한 부처님세계 가는 티끌 수만큼의 집금강천제〔執金剛
神〕*가 있었으니, 이른바 묘색나라연 집금강천제와 일륜속
질당 집금강천제와 수미화광 집금강천제와 청정운음 집금
강천제와 제근미묘 집금강천제와 가애락광명 집금강천제
와 대수뇌음 집금강천제와 사자왕광명 집금강천제와 밀염
승목 집금강천제와 연화광마니계 집금강천제 등이다.

이와 같은 이들이 대중 가운데 가장 윗사람이 되어 부처님
세계에 가는 티끌 수만큼 있었다. 모두 지난 옛적의 한량없
는 겁 동안 언제나 큰 원력을 발하여 항상 모든 부처님을
친히 가까이하여 공양하기를 원하였고, 원력을 따라 행하여
이미 원만함을 얻어 피안*에 이르렀다. 한량없이 청정한 복
업을 쌓았으며, 저 모든 삼매에서 행하는 경계를 이미 모두
밝게 통달하였다.

신통력을 얻어서 여래를 따라 살면서 부사의한 해탈경계
에 들어갔으니, 대중이 모인 곳에서 위엄 있는 광명이 특
별하게 뛰어났다.

隨諸衆生 所應現身 而示調伏 一切諸佛化形所在 皆隨化
往 一切如來所住之處 常勤守護

모든 중생에게 응할 바를 따라서 몸을 나투어 조복 받음을 보였고, 일체 모든 부처님의 화현하신 형상이 있는 곳은 다 따라가 화현하여 모든 여래께서 머무시는 곳을 항상 부지런히 수호하였다.

復有佛世界微塵數身衆神 所謂華髻莊嚴身衆神 光照十方
身衆神 海音調伏身衆神 淨華嚴髻身衆神 無量威儀身衆
神 最上光嚴身衆神 淨光香雲身衆神 守護攝持身衆神 普
現攝取身衆神 不動光明身衆神 如是等 而爲上首 有佛世
界微塵數 皆於往昔 成就大願 供養承事一切諸佛

부처님세계의 세 번째 교화 대중
  – 신중천제들

 또한 부처님세계 가는 티끌 수만큼의 신중천제[身衆神]가 있었으니, 이른바 화계장엄 신중천제와 광조시방 신중천제와 해음조복 신중천제와 정화엄계 신중천제와 무량위의 신중천제와 최상광엄 신중천제와 정광향운 신중천제와 수호섭지 신중천제와 보현섭취 신중천제와 부동광명 신중천제 등이다.
 이와 같은 이들이 대중 가운데 가장 윗사람이 되어 부처님세계에 가는 티끌 수만큼 있었으니, 모두 지난 옛적에 큰 원력을 성취해서 일체 모든 부처님을 공양하고 받들어 섬겼다.

復有佛世界微塵數足行神 所謂寶印手足行神 蓮華光足行
神 清淨華髻足行神 攝諸善見足行神 妙寶星幢足行神 樂
吐妙音足行神 栴檀樹光足行神 蓮華光明足行神 微妙光
明足行神 積集妙華足行神 如是等 而爲上首 有佛世界微
塵數 皆於過去無量劫中 親近如來 隨逐不捨

부처님세계의 네 번째 교화 대중
　　　- 족행천제들

　또한 부처님세계 가는 티끌 수만큼의 족행천제〔足行神〕가
있었으니, 이른바 보인수 족행천제와 연화광 족행천제와
청정화계 족행천제와 섭제선견 족행천제와 묘보성당 족행
천제와 낙토묘음 족행천제와 전단수광 족행천제와 연화광
명 족행천제와 미묘광명 족행천제와 적집묘화 족행천제
등이다.
　이와 같은 이들이 대중 가운데 가장 윗사람이 되어 부처
님세계에 가는 티끌 수만큼 있었으니, 모두 과거의 한량없
는 겁 가운데 여래를 친히 가까이하여 따라다니며 떠나지
않았다.

復有佛世界微塵數道場神 所謂淨莊嚴幢道場神 須彌寶光
道場神 雷音幢相道場神 雨華妙眼道場神 華纓光髻道場
神 雨寶莊嚴道場神 勇猛香眼道場神 金剛彩雲道場神 蓮
華光明道場神 妙光照耀道場神 如是等 而爲上首 有佛世
界微塵數 皆於過去 値無量佛 成就願力 廣興供養

부처님세계의 다섯 번째 교화 대중
 － 도량천제들

 또한 부처님세계 가는 티끌 수만큼의 도량천제〔道場神〕가
있었으니, 이른바 정장엄당 도량천제와 수미보광 도량천제
와 뇌음당상 도량천제와 우화묘안 도량천제와 화영광계
도량천제와 우보장엄 도량천제와 용맹향안 도량천제와 금
강채운 도량천제와 연화광명 도량천제와 묘광조요 도량천
제 등이다.
 이와 같은 이들이 대중 가운데 가장 윗사람이 되어 부처
님세계에 가는 티끌 수만큼 있었으니, 모두 과거에 한량없
는 부처님을 만나서 원력을 성취하여 널리 공양하였다.

復有佛世界微塵數主城神 所謂寶峰光耀主城神 妙嚴宮殿
主城神 清淨喜寶主城神 離憂清淨主城神 華燈焰眼主城
神 焰幢明現主城神 盛福光明主城神 清淨光明主城神 香
髻莊嚴主城神 妙寶光明主城神 如是等 而爲上首 有佛世
界微塵數 皆於無量不思議劫 嚴淨如來 所居宮殿

부처님세계의 여섯 번째 교화 대중
　　　- 주성천제들

　또한 부처님세계 가는 티끌 수만큼의 주성천제〔主城神〕가
있었으니, 이른바 보봉광요 주성천제와 묘엄궁전 주성천제
와 청정희보 주성천제와 이우청정 주성천제와 화등염안
주성천제와 염당명현 주성천제와 성복광명 주성천제와 청
정광명 주성천제와 향계장엄 주성천제와 묘보광명 주성천
제 등이다.
　이와 같은 이들이 대중 가운데 가장 윗사람이 되어 부처
님세계에 가는 티끌 수만큼 있었으니, 모두 한량없는 부사
의겁에 여래께서 계시는 궁전을 청정하게 장엄하였다.

復有佛世界微塵數主地神 所謂普德淨華主地神 堅福莊嚴主地神 妙華嚴樹主地神 普散衆寶主地神 淨目觀時主地神 妙色勝眼主地神 香毛發光主地神 悅意音聲主地神 妙華旋髻主地神 金剛嚴體主地神 如是等 而爲上首 有佛世界微塵數 皆於往昔 發深重願 願常親近諸佛如來 同修福業

부처님세계의 일곱 번째 교화 대중
　　－ 주지천제들

　또한 부처님세계 가는 티끌 수만큼의 주지천제〔主地神〕가
있었으니, 이른바 보덕정화 주지천제와 견복장엄 주지천제
와 묘화엄수 주지천제와 보산중보 주지천제와 정목관시
주지천제와 묘색승안 주지천제와 향모발광 주지천제와 열
의음성 주지천제와 묘화선계 주지천제와 금강엄체 주지천
제 등이다.
　이와 같은 이들이 대중 가운데 가장 윗사람이 되어 부처
님세계에 가는 티끌 수만큼 있었으니, 모두 지난 옛적에
깊고 큰 원력을 발해서 항상 모든 부처님 여래를 친히 가
까이하기를 원하여 함께 복업을 닦았다.

復有無量主山神 所謂寶峰開華主山神 華林妙髻主山神 高幢普照主山神 離塵淨髻主山神 光照十方主山神 大力光明主山神 威光普勝主山神 微密光輪主山神 普眼現見主山神 金剛密眼主山神 如是等 而爲上首 其數無量 皆於諸法 得淸淨眼

부처님세계의 여덟 번째 교화 대중
　　－ 주산천제들

　또한 한량없는 주산천제〔主山神〕가 있었으니, 이른바 보
봉개화 주산천제와 화림묘계 주산천제와 고당보조 주산천
제와 이진정계 주산천제와 광조시방 주산천제와 대력광명
주산천제와 위광보승 주산천제와 미밀광륜 주산천제와 보
안현견 주산천제와 금강밀안 주산천제 등이다.
　이와 같은 이들이 대중 가운데 가장 윗사람이 되어 그
수가 한량이 없었으니, 모두 일체 법에 청정한 눈을 얻었
다.

復有不可思議數主林神 所謂布華如雲主林神 擢幹舒光主
林神 生芽發耀主林神 吉祥淨葉主林神 垂布焰藏主林神
清淨光明主林神 可意雷音主林神 光香普徧主林神 妙光
逈耀主林神 華果光味主林神 如是等 而爲上首 不思議數
皆有無量可愛光明

부처님세계의 아홉 번째 교화 대중
　　 - 주림천제들

　또한 불가사의한 수의 주림천제[主林神]가 있었으니, 이른바 포화여운 주림천제와 탁간서광 주림천제와 생아발요 주림천제와 길상정섭 주림천제와 수포염장 주림천제와 청정광명 주림천제와 가의뢰음 주림천제와 광향보변 주림천제와 묘광형요 주림천제와 화과광미 주림천제 등이다.
　이와 같은 이들이 대중 가운데 가장 윗사람이 되어 부사의한 수가 있었으니, 모두 한량없이 자애로운 광명을 지녔다.

復有無量主藥神　所謂吉祥主藥神　栴檀林主藥神　清淨光
明主藥神　名稱普聞主藥神　毛孔光明主藥神　普治清淨主
藥神　大發吼聲主藥神　蔽日光幢主藥神　明見十方主藥神
益氣明目主藥神　如是等　而爲上首　其數無量　性皆離垢　仁
慈祐物

부처님세계의 열 번째 교화 대중
  - 주약천제들

 또한 한량없는 주약천제〔主藥神〕가 있었으니, 이른바 길
상 주약천제와 전단림 주약천제와 청정광명 주약천제와
명칭보문 주약천제와 모공광명 주약천제와 보치청정 주약
천제와 대발후성 주약천제와 폐일광당 주약천제와 명견시
방 주약천제와 익기명목 주약천제 등이다.
 이와 같은 이들이 대중 가운데 가장 윗사람이 되어 그
수가 한량없었으니, 모두 성품의 때를 여의어서 어질고 자
비하여 만물을 도왔다.

復有無量主稼神 所謂柔軟勝味主稼神 時華淨光主稼神 色
力勇健主稼神　增長精氣主稼神　普生根果主稼神　妙嚴環
髻主稼神　潤澤淨華主稼神　成就妙香主稼神　見者愛樂主
稼神 離垢淨光主稼神 如是等　而爲上首 其數無量 莫不
皆得大喜成就

부처님세계의 열한 번째 교화 대중
　　 - 주가천제들

　또한 한량없는 주가천제〔主稼神〕가 있었으니, 이른바 유
연승미 주가천제와 시화정광 주가천제와 색력용건 주가천
제와 증장정기 주가천제와 보생근과 주가천제와 묘엄환계
주가천제와 윤택정화 주가천제와 성취묘향 주가천제와 견
자애락 주가천제와 이구정광 주가천제 등이다.
　이와 같은 이들이 대중 가운데 가장 윗사람이 되어 그
수가 한량없었으니, 모두 큰 기쁨을 성취하지 않은 이가
없었다.

復有無量主河神 所謂普發迅流主河神 普潔泉澗主河神 離塵淨眼主河神 十方徧吼主河神 救護衆生主河神 無熱淨光主河神 普生歡喜主河神 廣德勝幢主河神 光照普世主河神 海德光明主河神 如是等 而爲上首 有無量數 皆勤作意 利益衆生

부처님세계의 열두 번째 교화 대중
　　　 - 주하천제들

　또한 한량없는 주하천제〔主河神〕가 있었으니, 이른바 보
발신류 주하천제와 보결천간 주하천제와 이진정안 주하천
제와 시방변후 주하천제와 구호중생 주하천제와 무열정광
주하천제와 보생환희 주하천제와 광덕승당 주하천제와 광
조보세 주하천제와 해덕광명 주하천제 등이다.

　이와 같은 이들이 대중 가운데 가장 윗사람이 되어 한량
없는 수가 있었으니, 모두가 부지런히 뜻을 일으켜 중생을
이익케 하였다.

復有無量主海神 所謂出現寶光主海神 成金剛幢主海神 遠
離塵垢主海神 普水宮殿主海神 吉祥寶月主海神 妙華龍
髻主海神 普持光味主海神 寶焰華光主海神 金剛妙髻主
海神 海潮雷聲主海神 如是等 而爲上首 其數無量 悉以
如來功德大海 充滿其身

부처님세계의 열세 번째 교화 대중
– 주해천제들

또한 한량없는 주해천제〔主海神〕가 있었으니, 이른바 출현보광 주해천제와 성금강당 주해천제와 원이진구 주해천제와 보수궁전 주해천제와 길상보월 주해천제와 묘화용계 주해천제와 보지광미 주해천제와 보염화광 주해천제와 금강묘계 주해천제와 해조뇌성 주해천제 등이다.

이와 같은 이들이 대중 가운데 가장 윗사람이 되어 그 수가 한량없었으니, 모두가 여래공덕의 큰 바다로써 그 몸이 충만하였다.

復有無量主水神 所謂普興雲幢主水神 海潮雲音主水神 妙
色輪髻主水神 善巧漩澓主水神 離垢香積主水神 福橋光
音主水神 知足自在主水神 淨喜善音主水神 普現威光主
水神 吼音徧海主水神 如是等 而爲上首 其數無量 常勤
救護一切衆生 而爲利益

부처님세계의 열네 번째 교화 대중
　　－ 주수천제들

　또한 한량없는 주수천제〔主水神〕가 있었으니, 이른바 보
흥운당 주수천제와 해조운음 주수천제와 묘색륜계 주수천
제와 선교선복 주수천제와 이구향적 주수천제와 복교광음
주수천제와 지족자재 주수천제와 정희선음 주수천제와 보
현위광 주수천제와 후음변해 주수천제 등이다.
　이와 같은 이들이 대중 가운데 가장 윗사람이 되어 그
수가 한량없었으니, 항상 모든 중생을 부지런히 구제하고
보호하여 이익케 하였다.

復有無數主火神 所謂普光焰藏主火神 普集光幢主火神 大
光普照主火神 衆妙宮殿主火神 無盡光髻主火神 種種焰
眼主火神 十方宮殿如須彌山主火神 威光自在主火神 光
明破暗主火神 雷音電光主火神 如是等 而爲上首 不可稱
數 皆能示現種種光明 令諸衆生 熱惱除滅

부처님세계의 열다섯 번째 교화 대중
   – 주화천제들

또한 수없는 주화천제[主火神]가 있었으니, 이른바 보광
염장 주화천제와 보집광당 주화천제와 대광보조 주화천제
와 중묘궁전 주화천제와 무진광계 주화천제와 종종염안
주화천제와 시방궁전여수미산 주화천제와 위광자재 주화
천제와 광명파암 주화천제와 뇌음전광 주화천제 등이다.

이와 같은 이들이 대중 가운데 가장 윗사람이 되어 일컬
을 수 없는 수가 있었으니, 모두 갖가지 광명을 나투어 보
여서 모든 중생으로 하여금 뜨거운 번뇌를 멸해 없애게
하였다.

復有無量主風神 所謂無礙光明主風神 普現勇業主風神 飄
擊雲幢主風神 淨光莊嚴主風神 力能竭水主風神 大聲徧
吼主風神 樹梢垂髻主風神 所行無礙主風神 種種宮殿主
風神 大光普照主風神 如是等 而爲上首 其數無量 皆勤
散滅我慢之心

부처님세계의 열여섯 번째 교화 대중
    - 주풍천제들

 또한 한량없는 주풍천제〔主風神〕가 있었으니, 이른바 무
애광명 주풍천제와 보현용업 주풍천제와 표격운당 주풍천
제와 정광장엄 주풍천제와 역능갈수 주풍천제와 대성변후
주풍천제와 수초수계 주풍천제와 소행무애 주풍천제와 종
종궁전 주풍천제와 대광보조 주풍천제 등이다.
 이와 같은 이들이 대중 가운데 가장 윗사람이 되어 그
수가 한량없었으니, 모두 아만심을 부지런히 흩어 없애게
하였다.

復有無量主空神 所謂淨光普照主空神 普遊深廣主空神 生吉祥風主空神 離障安住主空神 廣步妙髻主空神 無礙光熖主空神 無礙勝力主空神 離垢光明主空神 深遠妙晉主空神 光徧十方主空神 如是等 而爲上首 其數無量 心皆離垢 廣大明潔

부처님세계의 열일곱 번째 교화 대중
      - 주공천제들

 또한 한량없는 주공천제[主空神]가 있었으니, 이른바 정
광보조 주공천제와 보유심광 주공천제와 생길상풍 주공천
제와 이장안주 주공천제와 광보묘계 주공천제와 무애광염
주공천제와 무애승력 주공천제와 이구광명 주공천제와 심
원묘음 주공천제와 광변시방 주공천제 등이다.
 이와 같은 이들이 대중 가운데 가장 윗사람이 되어 그
수가 한량없었으니, 마음의 때를 여의어 광대하게 밝고 깨
끗하였다.

復有無量主方神 所謂徧住一切主方神 普現光明主方神 光
行莊嚴主方神 周行不礙主方神 永斷迷惑主方神 普遊淨
空主方神 大雲幢音主方神 髻目無亂主方神 普觀世業主
方神 周徧遊覽主方神 如是等 而爲上首 其數無量 能以
方便 普放光明 恒照十方 相續不絶

부처님세계의 열여덟 번째 교화 대중
– 주방천제들

또한 한량없는 주방천제〔主方神〕가 있었으니, 이른바 변주일체 주방천제와 보현광명 주방천제와 광행장엄 주방천제와 주행불애 주방천제와 영단미혹 주방천제와 보유정공 주방천제와 대운당음 주방천제와 계목무란 주방천제와 보관세업 주방천제와 주변유람 주방천제 등이다.

이와 같은 이들이 대중 가운데 가장 윗사람이 되어 그 수가 한량없었으니, 능히 방편으로써 널리 광명을 놓아 항상 시방을 비춤이 이어져 끊어지지 않게 하였다.

復有無量主夜神 所謂普德淨光主夜神 喜眼觀世主夜神 護
世精氣主夜神 寂靜音海主夜神 普現吉祥主夜神 普發樹
華主夜神 平等護育主夜神 遊戲快樂主夜神 諸根常喜主
夜神 出生淨福主夜神 如是等 而爲上首 其數無量 皆勤
修習 以法爲樂

부처님세계의 열아홉 번째 교화 대중
  - 주야천제들

  또한 한량없는 주야천제(主夜神)가 있었으니, 이른바 보
덕정광 주야천제와 희안관세 주야천제와 호세정기 주야천
제와 적정음해 주야천제와 보현길상 주야천제와 보발수화
주야천제와 평등호육 주야천제와 유희쾌락 주야천제와 제
근상희 주야천제와 출생정복 주야천제 등이다.
  이와 같은 이들이 대중 가운데 가장 윗사람이 되어 그
수가 한량없었으니, 모두 부지런히 닦아 익혀 법으로써 즐
거움을 삼게 하였다.

復有無量主畫神 所謂示現宮殿主畫神 發起慧香主畫神 樂
勝莊嚴主畫神 香華妙光主畫神 普集妙藥主畫神 樂作喜
目主畫神 普現諸方主畫神 大悲光明主畫神 善根光照主
畫神 妙華瓔珞主畫神 如是等 而爲上首 其數無量 皆於
妙法 能生信解 恒共精勤 嚴飾宮殿

부처님세계의 스무 번째 교화 대중
　　　- 주주천제들

또한 한량없는 주주천제[主晝神]가 있었으니, 이른바 시
현궁전 주주천제와 발기혜향 주주천제와 낙승장엄 주주천
제와 향화묘광 주주천제와 보집묘약 주주천제와 낙작희목
주주천제와 보현제방 주주천제와 대비광명 주주천제와 선
근광조 주주천제와 묘화영락 주주천제 등이다.

　이와 같은 이들이 대중 가운데 가장 윗사람이 되어 그
수가 한량없었으니, 모두 묘법에 능히 믿는 지혜를 내어서
항상 함께 쉬지 않고 부지런히 힘써 궁전을 장엄하였다.

復有無量阿修羅王 所謂羅睺阿修羅王 毘摩質多羅阿修羅王 巧幻術阿修羅王 大眷屬阿修羅王 大力阿修羅王 徧照阿修羅王 堅固行妙莊嚴阿修羅王 廣大因慧阿修羅王 出現勝德阿修羅王 妙好音聲阿修羅王 如是等 而爲上首 其數無量 悉已精勤 摧伏我慢 及諸煩惱

부처님세계의 스물한 번째 교화 대중
 - 아수라왕들

 또한 한량없는 아수라왕(阿修羅王)이 있었으니, 이른바 라
후 아수라왕과 비마질다라 아수라왕과 교환술 아수라왕과
대권속 아수라왕과 대력 아수라왕과 변조 아수라왕과 견
고행묘장엄 아수라왕과 광대인혜 아수라왕과 출현승덕 아
수라왕과 묘호음성 아수라왕 등이다.
 이와 같은 이들이 대중 가운데 가장 윗사람이 되어 그
수가 한량없었으니, 모두 이미 쉬지 않고 부지런히 힘써
아만과 모든 번뇌를 꺾어서 조복 받았다.

復有不可思議數迦樓羅王 所謂大速疾力迦樓羅王　無能壞
寶髻迦樓羅王　清淨速疾迦樓羅王　心不退轉迦樓羅王　大海
處攝持力迦樓羅王　堅固淨光迦樓羅王　巧嚴冠髻迦樓羅王
普捷示現迦樓羅王　普觀海迦樓羅王　普音廣目迦樓羅王　如
是等　而爲上首　不思議數　悉已成就大方便力　善能救攝一
切衆生

부처님세계의 스물두 번째 교화 대중
- 가루라왕들

또한 불가사의한 수의 가루라왕(迦樓羅王)이 있었으니, 이른바 대속질력 가루라왕과 무능괴보계 가루라왕과 청정속질 가루라왕과 심불퇴전 가루라왕과 대해처섭지력 가루라왕과 견고정광 가루라왕과 교엄관계 가루라왕과 보첩시현 가루라왕과 보관해 가루라왕과 보음광목 가루라왕들이다.

이와 같은 이들이 대중 가운데 가장 윗사람이 되어 부사의한 수가 있었으니, 모두 이미 큰 방편력을 성취하여 능히 모든 중생을 잘 거두어 구제하였다.

復有無量緊那羅王 所謂善慧光明天緊那羅王 妙華幢緊那羅王 種種莊嚴緊那羅王 悅意吼聲緊那羅王 寶樹光明緊那羅王 見者欣樂緊那羅王 最勝光莊嚴緊那羅王 微妙華幢緊那羅王 動地力緊那羅王 攝伏惡衆緊那羅王 如是等 而爲上首 其數無量 皆勤精進 觀一切法 心恒快樂 自在遊戲

부처님세계의 스물세 번째 교화 대중
　　－ 긴나라왕들

　또한 한량없는 긴나라왕(緊那羅王)이 있었으니, 이른바 선
혜광명천 긴나라왕과 묘화당 긴나라왕과 종종장엄 긴나라
왕과 열의후성 긴나라왕과 보수광명 긴나라왕과 견자흔락
긴나라왕과 최승광장엄 긴나라왕과 미묘화당 긴나라왕과
동지력 긴나라왕과 섭복악중 긴나라왕 등이다.
　이와 같은 이들이 대중 가운데 가장 윗사람이 되어 그
수가 한량없었으니, 모두 부지런히 정진하여 모든 법을 관
하여 마음이 항상 기쁘고 즐거움으로 유희하기를 자재하
였다.

復有無量摩睺羅伽王 所謂善慧摩睺羅伽王 淸淨威音摩睺
羅伽王 勝慧莊嚴髻摩睺羅伽王 妙目主摩睺羅伽王 如燈幢
爲衆所歸摩睺羅伽王 最勝光明幢摩睺羅伽王 師子臆摩睺
羅伽王 衆妙莊嚴音摩睺羅伽王 須彌堅固摩睺羅伽王 可愛
樂光明摩睺羅伽王 如是等 而爲上首 其數無量 皆勤修習
廣大方便 令諸衆生 永割癡網

부처님세계의 스물네 번째 교화 대중
　　　– 마후라가왕들

　또한 한량없는 마후라가왕(摩睺羅伽王)이 있었으니, 이른
바 선혜 마후라가왕과 청정위음 마후라가왕과 승혜장엄계
마후라가왕과 묘목주 마후라가왕과 여등당위중소귀 마후
라가왕과 최승광명당 마후라가왕과 사자억 마후라가왕과
중묘장엄음 마후라가왕과 수미견고 마후라가왕과 가애락
광명 마후라가왕 등이다.
　이와 같은 이들이 대중 가운데 가장 윗사람이 되어 그
수가 한량없었으니, 모두 부지런히 광대한 방편을 닦아 익
혀서 모든 중생으로 하여금 어리석음의 그물을 영원히 끊
게 하였다.

復有無量夜叉王 所謂毘沙門夜叉王 自在音夜叉王 嚴持器
仗夜叉王 大智慧夜叉王 焰眼主夜叉王 金剛眼夜叉王 勇
健臂夜叉王 勇敵大軍夜叉王 富資財夜叉王 力壞高山夜叉
王 如是等 而爲上首 其數無量 皆勤守護一切衆生

부처님세계의 스물다섯 번째 교화 대중
  – 야차왕들

또한 한량없는 야차왕(夜叉王)이 있었으니, 이른바 비사문 야차왕과 자재음 야차왕과 엄지기장 야차왕과 대지혜 야차왕과 염안주 야차왕과 금강안 야차왕과 용건비 야차왕과 용적대군 야차왕과 부자재 야차왕과 역괴고산 야차왕 등이다.

이와 같은 이들이 대중 가운데 가장 윗사람이 되어 그 수가 한량없었으니, 모두 일체 중생을 부지런히 수호하였다.

復有無量諸大龍王 所謂毘樓博叉龍王 娑竭羅龍王 雲音妙
幢龍王 焰口海光龍王 普高雲幢龍王 德叉迦龍王 無邊步
龍王 清淨色龍王 普運大聲龍王 無熱惱龍王 如是等 而
爲上首 其數無量 莫不勤力興雲布雨 令諸衆生 熱惱消滅

부처님세계의 스물여섯 번째 교화 대중
 - 용왕들

 또한 한량없는 모든 대용왕(大龍王)이 있었으니, 이른바 비루박차 용왕과 사갈라 용왕과 운음묘당 용왕과 염구해광 용왕과 보고운당 용왕과 덕차가 용왕과 무변보 용왕과 청정색 용왕과 보운대성 용왕과 무열뇌 용왕 등이다.
 이와 같은 이들이 대중 가운데 가장 윗사람이 되어 그 수가 한량없었으니, 부지런히 힘써 구름을 일으키고 비를 내리듯 하여 모든 중생으로 하여금 뜨거운 번뇌를 소멸케 하지 못함이 없었다.

復有無量鳩槃茶王 所謂增長鳩槃茶王 龍主鳩槃茶王 善莊
嚴幢鳩槃茶王 普饒益行鳩槃茶王 甚可怖畏鳩槃茶王 美目
端嚴鳩槃茶王 高峰慧鳩槃茶王 勇健臂鳩槃茶王 無邊淨華
眼鳩槃茶王 廣大天面阿修羅眼鳩槃茶王 如是等 而爲上首
其數無量 皆勤修學無礙法門 放大光明

부처님세계의 스물일곱 번째 교화 대중
  – 구반다왕들

또한 한량없는 구반다왕(鳩槃茶王)이 있었으니, 이른바 증장 구반다왕과 용주 구반다왕과 선장엄당 구반다왕과 보요익행 구반다왕과 심가포외 구반다왕과 미목단엄 구반다왕과 고봉혜 구반다왕과 용건비 구반다왕과 무변정화안 구반다왕과 광대천면아수라안 구반다왕 등이다.

이와 같은 이들이 대중 가운데 가장 윗사람이 되어 그 수가 한량없었으니, 모두 부지런히 걸림 없는 법문을 닦고 배워서 큰 광명을 놓았다.

復有無量乾闥婆王 所謂持國乾闥婆王 樹光乾闥婆王 淨目
乾闥婆王 華冠乾闥婆王 普音乾闥婆王 樂搖動妙目乾闥婆
王 妙音師子幢乾闥婆王 普放寶光明乾闥婆王 金剛樹華幢
乾闥婆王 樂普現莊嚴乾闥婆王 如是等 而爲上首 其數無
量 皆於大法 深生信解 歡喜愛重 勤修不倦

부처님세계의 스물여덟 번째 교화 대중
- 건달바왕들

또한 한량없는 건달바왕(乾闥婆王)이 있었으니, 이른바 지국 건달바왕과 수광 건달바왕과 정목 건달바왕과 화관 건달바왕과 보음 건달바왕과 낙요동묘목 건달바왕과 묘음사자당 건달바왕과 보방보광명 건달바왕과 금강수화당 건달바왕과 낙보현장엄 건달바왕 등이다.

이와 같은 이들이 대중 가운데 가장 윗사람이 되어 그 수가 한량없었으니, 모두 큰 법에 깊이 믿는 지혜를 내어 몹시 기뻐하고 좋아하여 부지런히 닦아 게을리하지 않았다.

復有無量月天子 所謂月天子 華王髻光明天子 衆妙淨光明天子 安樂世間心天子 樹王眼光明天子 示現淸淨光天子 普遊不動光天子 星宿王自在天子 淨覺月天子 大威德光明天子 如是等 而爲上首 其數無量 皆勤顯發衆生心寶

부처님세계의 스물아홉 번째 교화 대중
  - 월천자들

 또한 한량없는 월천자(月天子)가 있었으니, 이른바 월 천자와 화왕계광명 천자와 중묘정광명 천자와 안락세간심 천자와 수왕안광명 천자와 시현청정광 천자와 보유부동광 천자와 성숙왕자재 천자와 정각월 천자와 대위덕광명 천자 등이다.
 이와 같은 이들이 대중 가운데 가장 윗사람이 되어 그 수가 한량없었으니, 모두 부지런히 중생들의 마음보배를 드러나게 하였다.

復有無量日天子　所謂日天子　光焰眼天子　須彌光可畏敬
幢天子　離垢寶莊嚴天子　勇猛不退轉天子　妙華纓光明天
子　最勝幢光明天子　寶髻普光明天子　光明眼天子　持勝德
天子　普光明天子　如是等　而爲上首　其數無量　皆勤修習
利益衆生　增其善根

부처님세계의 서른 번째 교화 대중
      - 일천자들

  또한 한량없는 일천자(日天子)가 있었으니, 이른바 일 천
자와 광염안 천자와 수미광가외경당 천자와 이구보장엄
천자와 용맹불퇴전 천자와 묘화영광명 천자와 최승당광명
천자와 보계보광명 천자와 광명안 천자와 지승덕 천자와
보광명 천자 등이다.
  이와 같은 이들이 대중 가운데 가장 윗사람이 되어 그
수가 한량없었으니, 모두 부지런히 닦아 익혀서 중생을 이
익케 하여 그 선근을 더하게 하였다.

復有無量三十三天王 所謂釋迦因陀羅天王 普稱滿音天王
慈目寶髻天王 寶光幢名稱天王 發生喜樂髻天王 可愛樂
正念天王 須彌勝音天王 成就念天王 可愛樂淨華光天王
智日眼天王 自在光明能覺悟天王 如是等 而爲上首 其數
無量 皆勤發起一切世間廣大之業

부처님세계의 서른한 번째 교화 대중
      - 삼십삼천왕들

 또한 한량없는 삼십삼천왕(三十三天王)이 있었으니, 이른
바 석가인다라 천왕과 보칭만음 천왕과 자목보계 천왕과
보광당명칭 천왕과 발생희락계 천왕과 가애락정념 천왕과
수미승음 천왕과 성취념 천왕과 가애락정화광 천왕과 지
일안 천왕과 자재광명능각오 천왕 등이다.
 이와 같은 이들이 대중 가운데 가장 윗사람이 되어 그
수가 한량없었으니, 모두 부지런히 일체 세간의 광대한 업
을 일으켰다.

復有無量須夜摩天王 所謂善時分天王 可愛樂光明天王 無
盡慧功德幢天王 善變化端嚴天王 總持大光明天王 不思議
智慧天王 輪臍天王 光焰天王 光照天王 普觀察大名稱天
王 如是等 而爲上首 其數無量 皆勤修習廣大善根 心常
喜足

부처님세계의 서른두 번째 교화 대중
  - 수야마천왕들

또한 한량없는 수야마천왕(須夜摩天王)이 있었으니, 이른
바 선시분 천왕과 가애락광명 천왕과 무진혜공덕당 천왕
과 선변화단엄 천왕과 총지대광명 천왕과 부사의지혜 천
왕과 윤제 천왕과 광염 천왕과 광조 천왕과 보관찰대명칭
천왕 등이다.

이와 같은 이들이 대중 가운데 가장 윗사람이 되어 그
수가 한량없었으니, 모두 부지런히 광대한 선근을 닦아 익
혀서 마음이 항상 기쁘고 만족하였다.

復有不可思議數兜率陀天王 所謂知足天王 喜樂海髻天王
最勝功德幢天王 寂靜光天王 可愛樂妙目天王 寶峰淨月
天王 最勝勇健力天王 金剛妙光明天王 星宿莊嚴幢天王
可愛樂莊嚴天王 如是等 而爲上首 不思議數 皆勤念持一
切諸佛 所有名號

부처님세계의 서른세 번째 교화 대중
　　 - 도솔타천왕들

　또한 불가사의한 수의 도솔타천왕(兜率陀天王)이 있었으
니, 이른바 지족 천왕과 희락해계 천왕과 최승공덕당 천왕
과 적정광 천왕과 가애락묘목 천왕과 보봉정월 천왕과 최
승용건력 천왕과 금강묘광명 천왕과 성숙장엄당 천왕과
가애락장엄 천왕 등이다.
　이와 같은 이들이 대중 가운데 가장 윗사람이 되어 부사
의한 수가 있었으니, 일체 부처님의 모든 명호를 부지런히
생각하여 지니게 하였다.

復有無量化樂天王 所謂善變化天王 寂靜音光明天王 變化力光明天王 莊嚴主天王 念光天王 最上雲音天王 衆妙最勝光天王 妙髻光明天王 成就喜慧天王 華光髻天王 普見十方天王 如是等 而爲上首 其數無量 皆勤調伏一切衆生 令得解脫

부처님세계의 서른네 번째 교화 대중
　　- 화락천왕들

　또한 한량없는 화락천왕(化樂天王)이 있었으니, 이른바 선
변화 천왕과 적정음광명 천왕과 변화력광명 천왕과 장엄
주 천왕과 염광 천왕과 최상운음 천왕과 중묘최승광 천왕
과 묘계광명 천왕과 성취희혜 천왕과 화광계 천왕과 보견
시방 천왕 등이다.

　이와 같은 이들이 대중 가운데 가장 윗사람이 되어 그
수가 한량없었으니, 모두 부지런히 모든 중생을 조복시켜
해탈을 얻게 하였다.

復有無數他化自在天王 所謂得自在天王 妙目主天王 妙
冠幢天王 勇猛慧天王 妙音句天王 妙光幢天王 寂靜境界
門天王 妙輪莊嚴幢天王 華藥慧自在天王 因陀羅力妙莊
嚴光明天王 如是等 而爲上首 其數無量 皆勤修習自在方
便廣大法門

부처님세계의 서른다섯 번째 교화 대중
　　－ 타화자재천왕들

　또한 수없는 타화자재천왕(他化自在天王)이 있었으니, 이
른바 득자재 천왕과 묘목주 천왕과 묘관당 천왕과 용맹혜
천왕과 묘음구 천왕과 묘광당 천왕과 적정경계문 천왕과
묘륜장엄당 천왕과 화예혜자재 천왕과 인다라력묘장엄광
명 천왕 등이다.

　이와 같은 이들이 대중 가운데 가장 윗사람이 되어 그
수가 한량없었으니, 모두 자재한 방편과 광대한 법문을 부
지런히 닦아 익혔다.

復有不可數大梵天王 所謂尸棄天王 慧光天王 善慧光明天王 普雲音天王 觀世言音自在天王 寂靜光明眼天王 光徧十方天王 變化音天王 光明照耀眼天王 悅意海音天王 如是等 而爲上首 不可稱數 皆具大慈 憐愍衆生 舒光普照 令其快樂

부처님세계의 서른여섯 번째 교화 대중
- 대범천왕들

또한 셀 수 없는 대범천왕(大梵天王)이 있었으니, 이른바 시기 천왕과 혜광 천왕과 선혜광명 천왕과 보운음 천왕과 관세언음자재 천왕과 적정광명안 천왕과 광변시방 천왕과 변화음 천왕과 광명조요안 천왕과 열의해음 천왕 등이다.

이와 같은 이들이 대중 가운데 가장 윗사람이 되어 일컬을 수 없는 수가 있었으니, 모두 큰 자비를 갖추어 중생을 가엾이 여겨 광명을 펼쳐 널리 비추어 그들을 기쁘고 즐겁게 하였다.

復有無量光音天王 所謂可愛樂光明天王 淸淨妙光天王 能
自在音天王 最勝念智天王 可愛樂淸淨妙音天王 善思惟音
天王 普音徧照天王 甚深光音天王 無垢稱光明天王 最勝
淨光天王 如是等 而爲上首 其數無量 皆住廣大寂靜喜樂
無礙法門

부처님세계의 서른일곱 번째 교화 대중
  - 광음천왕들

또한 한량없는 광음천왕(光音天王)이 있었으니, 이른바 가
애락광명 천왕과 청정묘광 천왕과 능자재음 천왕과 최승
넘지 천왕과 가애락청정묘음 천왕과 선사유음 천왕과 보
음변조 천왕과 심심광음 천왕과 무구칭광명 천왕과 최승
정광 천왕 등이다.

이와 같은 이들이 대중 가운데 가장 윗사람이 되어 그
수가 한량없었으니, 모두 광대한 열반에 머물러 걸림 없는
법문을 기뻐하고 즐거워하였다.

復有無量徧淨天王 所謂淸淨名稱天王 最勝見天王 寂靜
德天王 須彌音天王 淨念眼天王 可愛樂最勝光照天王 世
間自在主天王 光焰自在天王 樂思惟法變化天王 變化幢
天王 星宿音妙莊嚴天王 如是等 而爲上首 其數無量 悉
已安住廣大法門 於諸世間 勤作利益

부처님세계의 서른여덟 번째 교화 대중
   - 변정천왕들

또한 한량없는 변정천왕(偏淨天王)이 있었으니, 이른바 청
정명칭 천왕과 최승견 천왕과 적정덕 천왕과 수미음 천왕
과 정념안 천왕과 가애락최승광조 천왕과 세간자재주 천
왕과 광염자재 천왕과 낙사유법변화 천왕과 변화당 천왕
과 성숙음묘장엄 천왕 등이다.

이와 같은 이들이 대중 가운데 가장 윗사람이 되어 그
수가 한량없었으니, 모두 이미 광대한 법문에 편히 머물러
모든 세간을 부지런히 이익케 하였다.

復有無量廣果天王 所謂愛樂法光明幢天王 淸淨莊嚴海天王 最勝慧光明天王 自在智慧幢天王 樂寂靜天王 普智眼天王 樂旋慧天王 善種慧光明天王 無垢寂靜光天王 廣大淸淨光天王 如是等 而爲上首 其數無量 莫不皆以寂靜之法 而爲宮殿 安住其中

부처님세계의 서른아홉 번째 교화 대중
　　－ 광과천왕들

또한 한량없는 광과천왕(廣果天王)이 있었으니, 이른바 애락법광명당 천왕과 청정장엄해 천왕과 최승혜광명 천왕과 자재지혜당 천왕과 낙적정 천왕과 보지안 천왕과 낙선혜 천왕과 선종혜광명 천왕과 무구적정광 천왕과 광대청정광 천왕 등이다.

이와 같은 이들이 대중 가운데 가장 윗사람이 되어 그 수가 한량없었으니, 모두 열반의 법으로 궁전을 삼아 그 가운데 편히 머물렀다.

復有無數大自在天王 所謂妙焰海天王 自在名稱光天王 淸
淨功德眼天王 可愛樂大慧天王 不動光自在天王 妙莊嚴眼
天王 善思惟光明天王 可愛樂大智天王 普音莊嚴幢天王 極
精進名稱光天王 如是等 而爲上首 不可稱數 皆勤觀察無
相之法 所行平等

부처님세계의 마흔 번째 교화 대중
　　－ 대자재천왕들

또한 수없는 대자재천왕(大自在天王)이 있었으니, 이른바
묘염해 천왕과 자재명칭광 천왕과 청정공덕안 천왕과 가
애락대혜 천왕과 부동광자재 천왕과 묘장엄안 천왕과 선
사유광명 천왕과 가애락대지 천왕과 보음장엄당 천왕과
극정진명칭광 천왕 등이다.

이와 같은 이들이 대중 가운데 가장 윗사람이 되어 일컬
을 수 없는 수가 있었으니, 모두 부지런히 상 없는 법을
관찰하여 평등하게 행하였다.

대원선사 결문

대원선사 결문(決文)

* 결문 1

부처님께서 성불하신 장엄법계의 경지를 보이시고, 중생
계를 따라 화현하신 여래의 광대한 회상의 가장 윗사람들
만을 들어서 보이시니, 경 머리의 그 이름들이다. 이분들
의 경지를 알고픈가?

높고 낮은 분별이 온통 없어
여래의 뜻을 따라 할 뿐인
장부중의 장부들 이 경지를
꾀꼬리가 푸른 솔 사이에서 누설하니
창공의 흰 구름은 그것도 허물이라 하는데
노승은 웃음 속에 보행을 하시누나

* 결문 2

　불보살님들과 함께 중생들의 업권을 따라 몸을 나투어,
업에 응한 방편을 써서 해탈시켜, 점점 승화해 올려 구경
에 모두 거두려고 하는, 선지식 구성원이 이 세주묘엄품에
등장한 이름들이다.
　어떤 이가 이 자비의 보은자인고?

　작대기를 세우면 위아래로 뚫을 곤(|)자이고
　작대기를 가로로 눕히면 한 일(一)자이며
　비스듬히 세워서 놓으면 삐침 별(/)자이니라

∞ 미주

* 당기 : 원문의 '당(幢)'은 절의 문 앞에 꽂는 깃발의 일종이다. 불보
  살의 위신과 공덕을 표하는 장엄구로서 장대 끝에 용머리 모양을
  만들어 깃발을 달아 드리운다.
* 마니보배왕 : 마니보배 자체를 말한다. 마니보배는 여의주, 보주라
  고도 한다. 이 구슬은 용왕의 뇌 속에서 나온 것으로 광명이 깨끗
  하여 더러운 때가 묻지 않으며 이 구슬을 가지면 유독한 것이 해치
  지 못하고 불에 들어가도 타지 않는다고 한다. 여기서 말한 용왕은
  지혜와 능력을 갖춘 불성을 상징하며 마니보주 역시 이것을 의미한
  다.
* 보배장 : 원문의 '장(藏)'은 곳집, 광, 창고 등으로 쓰이는 글자인데
  이 한 글자로 보장(寶藏) 즉 보배장의 뜻으로도 쓰인다. 화엄경에서
  는 대부분 보장으로 쓰였다.
* 여래(如來) : 부처님의 열 가지 명호 중 하나.
* 열 부처님〔十佛〕: 해경십불(解境十佛) - 화엄종에서 진실한 지혜(智
  解)로써 법계를 볼 때에는 만유는 모두 불신(佛身)이라 하여, 이것을
  중생신(衆生身), 국토신(國土身), 업보신(業報身), 성문신(聲聞身), 연각
  신(緣覺身), 보살신(菩薩身), 여래신(如來身), 지신(智身), 법신(法身), 허
  공신(虛空身)의 10종으로 나눈 것. 행경십불(行境十佛) - 화엄종에서
  수행한 결과로 깨달아 얻는 불신(佛身)의 경계를 10종으로 나눈 것.

① 정각불(正覺佛) 또는 무착불(無着佛) ② 원불(願佛) ③ 업보불(業報佛) ④ 주지불(住持佛) ⑤ 화불(化佛) ⑥ 법계불(法界佛) ⑦ 심불(心佛) ⑧ 삼매불(三昧佛) ⑨ 성불(性佛) ⑩ 여의불(如意佛).

* 위신력(威神力) : 부처님의 과위에 있는 존엄하고 측량할 수 없는 부사의한 힘.

* 위엄 있는 광명 : 원문의 '위광(威光)'은 부처님의 신령한 광명 혹은 사람에게 외경심을 일으키게 하는 덕의 힘, 감히 범할 수 없는 위엄을 말한다.

* 일지(一地) : 대승보살이 성불에 이르는 52위의 단계인 십신, 십주, 십행, 십회향, 십지, 등각, 묘각 중 십지의 첫 번째 단계이다. 일지는 환희지(歡喜地)로서 처음으로 참다운 중도지(中道智)를 내어 불성의 이치를 보고, 견혹을 끊으며 능히 자리이타(自利利他)하여 진실한 희열에 가득 찬 지위이다.

* 천제 : 화엄경에 나오는 '신(神)'은 그 세계의 '천제(天帝)'를 말한다. 천제는 그 세계를 다스리고 교화하는 분, 곧 깨달아서 삼매와 지혜와 덕과 신통과 방편과 변재를 갖추어서 다스리며 교화하는 분을 말한다.

* 피안(彼岸) : 모든 번뇌에 얽매인 고통의 세계인 생사 고해를 건넌 열반의 언덕.

∽ 81권 화엄경 권과 품

1. 세주묘엄품(世主妙嚴品)	화엄경 1권 ~ 5권
2. 여래현상품(如來現相品)	화엄경 6권
3. 보현삼매품(普賢三昧品)	화엄경 7권
4. 세계성취품(世界成就品)	화엄경 7권
5. 화장세계품(華藏世界品)	화엄경 8권 ~ 10권
6. 비로자나품(毘盧遮那品)	화엄경 11권
7. 여래명호품(如來名號品)	화엄경 12권
8. 사성제품(四聖諦品)	화엄경 12권
9. 광명각품(光明覺品)	화엄경 13권
10. 보살문명품(菩薩問明品)	화엄경 13권
11. 정행품(淨行品)	화엄경 14권
12. 현수품(賢首品)	화엄경 14권 ~ 15권
13. 승수미산정품(升須彌山頂品)	화엄경 16권
14. 수미정상게찬품(須彌頂上偈讚品)	화엄경 16권
15. 십주품(十住品)	화엄경 16권
16. 범행품(梵行品)	화엄경 17권
17. 초발심공덕품(初發心功德品)	화엄경 17권
18. 명법품(明法品)	화엄경 18권
19. 승야마천궁품(昇夜摩天宮品)	화엄경 19권
20. 야마궁중게찬품(夜摩宮中偈讚品)	화엄경 19권

21. 십행품(十行品)   화엄경 19권 ~ 20권

22. 십무진장품(十無盡藏品)   화엄경 21권

23. 승도솔천궁품(昇兜率天宮品)   화엄경 22권

24. 도솔궁중게찬품(兜率宮中偈讚品)   화엄경 23권

25. 십회향품(十迴向品)   화엄경 23권 ~ 33권

26. 십지품(十地品)   화엄경 34권 ~ 39권

27. 십정품(十定品)   화엄경 40권 ~ 43권

28. 십통품(十通品)   화엄경 44권

29. 십인품(十忍品)   화엄경 44권

30. 아승기품(阿僧祇品)   화엄경 45권

31. 여래수량품(如來壽量品)   화엄경 45권

32. 제보살주처품(諸菩薩住處品)   화엄경 45권

33. 불부사의법품(佛不思議法品)   화엄경 46권 ~ 47권

34. 여래십신상해품(如來十身相海品)   화엄경 48권

35. 여래수호광명공덕품(如來隨好光明功德品)   화엄경 48권

36. 보현행품(普賢行品)   화엄경 49권

37. 여래출현품(如來出現品)   화엄경 50권 ~ 52권

38. 이세간품(離世間品)   화엄경 53권 ~ 59권

39. 입법계품(入法界品)   화엄경 60권 ~ 80권

40. 보현행원품(普賢行願品)   화엄경 81권

불조정맥

불조정맥(佛祖正脈)

❀ 인 도

교조 석가모니불 (敎祖 釋迦牟尼佛)

1조 마하가섭 (摩訶迦葉)

2조 아난다 (阿難陀)

3조 상나화수 (商那和脩)

4조 우바국다 (優波鞠多)

5조 제다가 (堤多迦)

6조 미차가 (彌遮迦)

7조 바수밀 (婆須密)

8조 불타난제 (佛陀難堤)

9조 복타밀다 (伏馱密多)

10조 파율습박(협) (波栗濕縛, 脇)

11조 부나야사 (富那夜奢)

12조 아나보리(마명) (阿那菩堤, 馬鳴)

13조 가비마라 (迦毗摩羅)

14조 나가르주나(용수) (那閼羅樹那, 龍樹)

15조 가나제바 (迦那堤波)

16조 라후라타 (羅睺羅陀)

17조 승가난제 (僧伽難提)

18조 가야사다 (迦耶舍多)

19조 구마라다 (鳩摩羅多)

20조 사야다 (闍夜多)

21조 바수반두 (婆修盤頭)

22조 마노라 (摩拏羅)

23조 학륵나 (鶴勒那)

24조 사자보리 (師子菩堤)

25조 바사사다 (婆舍斯多)

26조 불여밀다 (不如密多)

27조 반야다라 (般若多羅)

28조 보리달마 (菩堤達磨)

❀ 중 국

29조 신광 혜가 (2조 神光 慧可)

30조 감지 승찬 (3조 鑑智 僧璨)

31조 대의 도신 (4조 大醫 道信)

32조 대만 홍인 (5 조 大滿 弘忍)

33조 대감 혜능 (6 조 大鑑 慧能)

34조 남악 회양 (7 조 南嶽 懷讓)

35조 마조 도일 (8 조 馬祖 道一)

36조 백장 회해 (9 조 百丈 懷海)

37조 황벽 희운 (10조 黃檗 希雲)

38조 임제 의현 (11조 臨濟 義玄)

39조 흥화 존장 (12조 興化 存奬)

40조 남원 혜옹 (13조 南院 慧顒)

41조 풍혈 연소 (14조 風穴 延沼)

42조 수산 성념 (15조 首山 省念)

43조 분양 선소 (16조 汾陽 善昭)

44조 자명 초원 (17조 慈明 楚圓)

45조 양기 방회 (18조 楊岐 方會)

46조 백운 수단 (19조 白雲 守端)

47조 오조 법연 (20조 五祖 法演)

48조 원오 극근 (21조 圓悟 克勤)

49조 호구 소륭 (22조 虎丘 紹隆)

50조 응암 담화 (23조 應庵 曇華)

51조 밀암 함걸 (24조 密庵 咸傑)

52조 파암 조선 (25조 破庵 祖先)

53조 무준 사범 (26조 無準 師範)

54조 설암 혜랑 (27조 雪岩 慧郎)

55조 급암 종신 (28조 及庵 宗信)

56조 석옥 청공 (29조 石屋 淸珙)

🪷 한 국

57조 태고 보우 (1조 太古 普愚)

58조 환암 혼수 (2조 幻庵 混脩)

59조 구곡 각운 (3조 龜谷 覺雲)

60조 벽계 정심 (4조 碧溪 淨心)

61조 벽송 지엄 (5조 碧松 智儼)

62조 부용 영관 (6조 芙蓉 靈觀)

63조 청허 휴정 (7조 淸虛 休靜)

64조 편양 언기 (8조 鞭羊 彦機)

65조 풍담 의심 (9조 楓潭 義諶)

66조 월담 설제 (10조 月潭 雪霽)

67조 환성 지안 (11조 喚醒 志安)

68조 호암 체정 (12조 虎巖 體淨)

69조 청봉 거안 (13조 靑峰 巨岸)

70조 율봉 청고 (14조 栗峰 靑杲)

71조 금허 법첨 (15조 錦虛 法沾)

72조 용암 혜언 (16조 龍巖 慧言)

73조 영월 봉율 (17조 詠月 奉律)

74조 만화 보선 (18조 萬化 普善)

75조 경허 성우 (19조 鏡虛 惺牛)

76조 만공 월면 (20조 滿空 月面)

77조 전강 영신 (21조 田岡 永信)

78대 대원 문재현 (22대 大圓 文載賢)

대원 문재현 선사님
인가 내력

대원 문재현 선사님 인가 내력

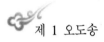
제 1 오도송

이 몸을 끄는 놈 이 무슨 물건인가?
골똘히 생각한 지 서너 해 되던 때에
쉬이하고 불어온 솔바람 한 소리에
홀연히 대장부의 큰 일을 마치었네

무엇이 하늘이고 무엇이 땅이런가
이 몸이 청정하여 이러-히 가없어라
안팎 중간 없는 데서 이러-히 응하니
취하고 버림이란 애당초 없다네

하루 온종일 시간이 다하도록
헤아리고 분별한 그 모든 생각들이

옛 부처 나기 전의 오묘한 소식임을
듣고서 의심 않고 믿을 이 누구인가!

此身運轉是何物
疑端汨沒三夏來
松頭吹風其一聲
忽然大事一時了

何謂靑天何謂地
當體淸淨無邊外
無內外中應如是
小分取捨全然無

一日於十有二時
悉皆思量之分別
古佛未生前消息
聞者卽信不疑誰

　대원 문재현 선사님의 스승이신 불조정맥 제77조 조계종(曹溪宗)
전강(田岡) 대선사님께서 1962년 대구 동화사의 조실로 계실 당시
대원 문재현 선사님께서도 동화사에 함께 머무르고 계셨다.
　하루는, 전강 대선사님께서 대원 선사님의 3연으로 되어 있는 제
1오도송을 들어 깨달은 바는 분명하나 대개 오도송은 짧게 짓는다

고 말씀하셨다. 이에 대원 선사님께서는 제1오도송을 읊은 뒤, 도솔암을 떠나 김제들을 지나다가 석양의 해와 달을 보고 문득 읊었던 제2오도송을 일러드렸다.

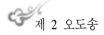 제 2 오도송

해는 서산 달은 동산 덩실하게 얹혀 있고
김제의 평야에는 가을빛이 가득하네
대천이란 이름자도 서지를 못하는데
석양의 마을길엔 사람들 오고 가네

日月兩嶺載同模
金提平野滿秋色
不立大千之名字
夕陽道路人去來

제2오도송을 들으신 전강 대선사님께서는 이에 그치지 않고 그와 같은 경지를 담은 게송을 이 자리에서 즉시 한 수 지어볼 수 있겠냐고 하셨다. 대원 선사님께서는 곧바로 다음과 같이 읊으셨다.

바위 위에는 솔바람이 있고

산 아래에는 황조가 날도다
대천도 흔적조차 없는데
달밤에 원숭이가 어지러이 우는구나

岩上在松風
山下飛黃鳥
大千無痕迹
月夜亂猿啼

　전강 대선사님께서는 위 송의 앞의 두 구를 들으실 때만 해도 지
그시 눈을 감고 계시다가 뒤의 두 구를 마저 채우자 문득 눈을 뜨
고 기뻐하는 빛이 역력하셨다.
　그러나 전강 대선사님께서는 여기에서도 그치지 않고 다시 한 번
물으셨다.
　"대중들이 자네를 산으로 불러내고 그중에 법성(향곡 스님 법제자
인 진제 스님. 동화사 선방에 있을 당시에 '법성'이라 불렸고, 나중에 '법
원'으로 개명하였다.)이 달마불식(達磨不識) 도리를 일러보라 했을 때
'드러났다'고 답했다는데, 만약에 자네가 당시의 양무제였다면 '모
르오'라고 이르고 있는 달마 대사에게 어떻게 했겠는가?"
　대원 선사님께서 답하셨다.
　"제가 양무제였다면 '성인이라 함도 서지 못하나 이러-히 짐의
덕화와 함께 어우러짐이 더욱 좋지 않겠습니까?' 하며 달마 대사의

손을 잡아 일으켰을 것입니다."

전강 대선사님께서 탄복하며 말씀하셨다.

"어느새 그 경지에 이르렀는가?"

"이르렀다곤들 어찌 하며, 갖추었다곤들 어찌 하며, 본래라곤들 어찌 하리까? 오직 이러-할 뿐인데 말입니다."

대원 선사님께서 연이어 말씀하시자 전강 대선사님께서 이에 환희하시니 두 분이 어우러진 자리가 백아가 종자기를 만난 듯, 고수 명창 어울리듯 화기애애하셨다.

달마불식 공안에 대한 위의 문답은 내력이 있는 것이다. 전강 대선사님께서 대원 선사님을 부르기 며칠 전에, 저녁 입선 시간 중에 노장님 몇 분만이 자리에 앉아있을 뿐 자리가 텅텅 비어 있었다고 한다.

대원 선사님께서 이상히 여기고 있던 중, 밖에서 한 젊은 수좌가 대원 선사님을 불렀다. 그 수좌의 말이 스님들이 모두 윗산에 모여 기다리고 있으니 가자고 하기에 무슨 일인가 하고 따라가셨다.

그러자 그 자리에 있던 법성 스님이 보자마자 달마불식 법문을 들고 이르라고 하기에 지체없이 답하셨다.

"드러났다."

곁에 계시던 송암 스님께서 또 안수정등 법문을 들고 물으셨다.

"여기서 어떻게 살아나겠소?"

대뜸 큰소리로 이르셨다.

"안·수·정·등."

이에 좌우에 모인 스님들이 함구무언(緘口無言)인지라 대원 선사
님께서는 먼저 그 자리를 떠나 내려와 버리셨다.

그 다음날 입승인 명허 스님께서 아침 공양이 끝난 자리에서 지
난 밤 입선시간 중에 무단으로 자리를 비운 까닭을 묻는 대중 공
사를 붙여 산 중에서 있었던 일들이 낱낱이 드러나고 말았다. 그리
하여 입선시간 중에 자리를 비운 스님들은 가사 장삼을 수하고 조
실인 전강 대선사님께 참회의 절을 했던 일이 있었다.

전강 대선사님께서는 이때에 대원 선사님께서 달마불식 도리에
대해 일렀던 경지를 점검하셨던 것이다.

이런 철저한 검증의 자리가 있었던 다음 날, 전강 대선사님께서
부르시기에 대원 선사님께서 가보니 주지인 월산(月山) 스님께서
모든 것이 약조된 데에서 입회해 계셨으며 전강 대선사님께서는
곧바로 다음과 같이 전법게(傳法偈)를 전해주셨다.

 전 법 게

부처와 조사도 일찍이 전한 것이 아니거늘
나 또한 어찌 받았다 하며 준다 할 것인가
이 법이 2천년대에 이르러서
널리 천하 사람을 제도하리라

佛祖未曾傳
我亦何受授
此法二千年
廣度天下人

 덧붙여 이 일은 월산 스님이 증인이며 2000년까지 세 사람 모두 절대 다른 사람이 알게 하거나 눈에 띄게 하지 않아야 한다고 당부하셨다.
 만약 그러지 않을 시에는 대원 선사님께서 법을 펴 나가는데 장애가 있을 것이라고 예언하셨다. 또한 각별히 신변을 조심하라 하시고 월산 스님에게 명령해 대원 선사님을 동화사의 포교당인 보현사에 내려가 교화에 힘쓰게 하셨다.
 대원 선사님께서 보현사로 떠나는 날, 전강 대선사님께서는 미리 적어두셨던 부송(付頌)을 주셨으니 다음과 같다.

 부 송

 어상을 내리지 않고 이러-히 대한다 함이여
 뒷날 돌아이가 구멍 없는 피리를 불리니
 이로부터 불법이 천하에 가득하리라

不下御床對如是
後日石兒吹無孔
自此佛法滿天下

위의 송의 '어상을 내리지 않고 이러-히 대한다 함이여'라는 첫째 줄 역시 내력이 있는 구절이다.

전에 대원 선사님께서 전강 대선사님을 군산 은적사에서 모시고 계실 당시 마당에서 홀연히 마주쳤을 때 다음과 같은 문답이 있었다.

전강 대선사님께서 물으셨다.

"공적(空寂)의 영지(靈知)를 이르게."

대원 선사님께서 대답하셨다.

"이러-히 스님과 대담(對談)합니다."

"영지의 공적을 이르게."

"스님과의 대담에 이러-합니다."

"어떤 것이 이러-히 대담하는 경지인가?"

"명왕(明王)은 어상(御床)을 내리지 않고 천하 일에 밝습니다."

위와 같은 문답 중에 대원 선사님께서 답하신 경지를 부송의 첫째 줄에 담으신 것이다.

전강 대선사님께서 대원 선사님을 인가(印可)하신 과정을 볼 때 한 번, 두 번, 세 번을 확인하여 철저히 점검하신 명안종사의 안목

에 탄복하지 않을 수 없으며 이에 끝까지 1초의 머뭇거림도 없이 명철하셨던 대원 선사님께 찬탄하지 않을 수 없다.

그리하여 법열로 어우러진 두 분의 자리가 재현된 듯 함께 환희용약하지 않을 수 없다.

이제 전강 대선사님과 약속한 2천년대를 맞이하였으므로 여기에 전법게를 밝힌다.

이로써 경허, 만공, 전강 대선사님으로 내려온 근대 대선지식의 정법의 횃불이 이 시대에 이어져 전강 대선사님의 예언대로 불법이 천하에 가득할 것이다.

부록 3

21세기에
인류가 해야 할 일

21세기에 인류가 해야 할 일

이 사람은 1962년 26세 때부터 21세기에 인류에게 닥칠 공해문제, 에너지문제를 예견하고 대체에너지(무한원동기, 태양력, 파력, 풍력 등) 개발과 '울 안의 농법'을 연구하고 그 필요성을 많은 이들에게 이야기해 왔습니다.

당시에는 너무 시대를 앞서가는 이야기여서인지 일반인들이 수용하지 못하고 오히려 불신의 눈으로 바라보며 이 사람의 법마저 의심하였습니다. 하지만 현대에 있어서는 이것이 인류가 해결해야 할 가장 절박한 사안이 되어 있습니다.

'사막화방지 국제연대'를 설립한 것도 현재 인류가 해결해야 할 가장 절박한 지구환경문제를 이슈화시키고 그 해결책을 제시하여 재앙에 직면한 지구촌을 살리기 위해서입니다.

'사막화방지 국제연대'에서 추진하고 있는 사막화 방지, 지구 초원화, 대체에너지 개발은 온 인류가 발 벗고 나서서 해야 할 일입니다.

첫 번째 사막화 방지에 있어서 기존에 해왔던 '나무심기 사업'은 천문학적인 예산과 많은 인력을 동원하고도 극도로 황폐한 사막화된 환경을 되살리는 데 실패하였습니다.

그래서 이 사람은 사막화 방지에 있어서는 '사막 해수로 사업'을 새로운 방안으로 제시하였습니다.

사막 해수로 사업은 사막화된 지역에 수도관을 매설하여 바닷물을 끌어들여서 염분에 강한 식물을 중심으로 자연생태계를 복원하는 사업입니다.

이것은 나무심기 사업으로 심은 나무들이 절대적으로 물이 부족하여 생존할 수 없었던 문제를 해결할 수 있는, 현재로서는 유일한 해결책입니다.

그러나 '사막화방지 국제연대'의 목적은 사막이 확장되는 것을 방지하자는 것이지 사막 전체를 완전히 없애자는 것은 아닙니다. 인체에서 심장이 모든 피를 전신의 구석구석까지 골고루 보내어 살아서 활동하게 하듯이 사막은 오히려 지구의 심장 역할을 하는 중요한 곳이기 때문입니다.

그래서 21세기에 있어서는 다만 사막의 확장을 방지할 뿐 아니라 사막을 어떻게 운용하느냐를 연구해야 합니다.

사막에 바둑판처럼 사방이 막힌 플룸관 수로를 설치하여 동, 서, 남, 북 어느 방향의 수로를 얼마만큼 채우느냐 비우느냐에 따라, 사막으로부터 사방 어느 방향으로든 거리까지 조절하여, 원하는 지역에 비를 내리게 하고 그치게 할 수 있습니다. 철저히 과학적인

데이터에 의해 이렇게 사막을 운용함으로써 21세기의 지구를 풍요로운 낙원시대로 만들어가야 합니다.

두 번째로 지구를 초원화할 수 있는 방안으로서 3년간의 실험을 통해, 광활한 황무지 지역을 큰 비용을 들이거나 많은 인력을 동원하지 않고도 짧은 시간 내에 초지로 바꿀 수 있는 식물을 찾아냈습니다.

그것은 바로 '돌나물'입니다. 돌나물은 따로 종자를 심을 필요가 없이 헬리콥터나 비행기로 살포해도 생존, 번식할 수 있으며, 추위와 더위, 황폐한 땅에서도 살아남을 수 있는 생명력과 번식력이 강한 식물입니다.

지구환경을 되살리는 초지조성 사업에 있어서 이것이 큰 도움이 되리라 생각합니다.

세 번째의 대체에너지 개발에 있어서는 태양력, 파력, 풍력 등 1962년도부터 이 사람이 연구하고 얘기해왔던 방법들이 이미 많이 개발되어 실용화한 단계에 있습니다.

이 세 가지 일은 한 개인이나 한 국가가 할 수 있는 일이 아닙니다. 모든 국가가 앞장서서 전세계적인 사업으로 이루어져야 합니다. 모든 국가가 함께 한 기금조성이 이루어져야 하고 기금조성에 참여한 국가는 이 시스템에 의한 전면적인 혜택을 입을 수 있도록 해야 합니다.

인류 모두가 지혜를 모아 이 일에 전력을 다한다면 인류는 유사 이래 가장 좋은 시절을 맞이하게 될 것이며, 만약 이 일을 남의 일인 양 외면한다면 극한의 재앙을 면할 수 없을 것입니다.

이 사람이 오래 전부터 얘기해왔던 '울 안의 농법'은 이미 미국 라스베이거스(Las Vegas)에서 30층짜리 '고층 빌딩 농장'으로 구현되었습니다. 그렇게 크게도 운영될 수 있지만 각자 자신의 집에서 이루어지는 '울 안의 농법'도 필요합니다.

21세기에 있어서 또 하나 인류가 만일의 사태를 대비해서 연구, 추진해야 될 일이 있다면 바닷속에서의 수중생활, 수중경작입니다.

지구가 심하게 온난화될 경우, 공기가 너무 많이 오염될 경우, 바닷물이 높아져 살 땅이 좁아질 경우 등에 대비할 때, 인류는 우주에서의 삶보다는 바닷속에서의 삶을 준비해야 합니다. 왜냐하면 그것이 훨씬 수월하고 비용도 절감할 수 있기 때문입니다.

이렇게 깨달은 이는 이변적으로는 깨달음을 얻게 하여 영생불멸의 삶을 영위할 수 있도록 만인을 이끌어야 하며 사변적으로는 일반인이 예측할 수 없는 백 년, 천 년 앞을 내다보아 이를 미리 앞서 대비하도록 만인의 삶을 이끌어줘야 한다고 생각합니다.

불법의 뜻은 다만 진리 전수에만 있는 것이 아니니, 만인이 서로 함께 영원한 극락을 누릴 때까지 물심양면으로, 이사일여로 베풀어 교화해야 하기 때문입니다.

가슴으로 부르는
불심의 노래

여기에 실린 것들은 모두 대원 문재현 선사
님께서 직접 작사하신 곡들이다.
　수행의 길로 들어서게끔 신심, 발심을 북돋
아주는 곡으로부터 수행의 길로 접어든 이의
구도의 몸부림이 담겨있는 곡, 대승의 원력을
발해서 교화하는 보살의 자비심과 함께 낙원
세계를 누리는 풍류를 그려놓은 곡까지 가사
한마디, 한마디가 생생하여 그 뜻이 뼛속 깊이
새겨지고 그 멋에 흠뻑 취하게 된다.
　대원 문재현 선사님께서는 거칠고 말초적인
요즘의 노래를 듣고 이러한 정서를 순화시키
고자, 또한 수행의 마음을 진작시키고자 하는
뜻에서 이 곡들을 작사하셨다.

서 원 가

작사 문재현
작곡 배신영
노래 홍노경

느리게

참 나 를 깨 달 아 서 　 보 림 을 하 고 　 다 가 올 내 앞 날 의
보 살 의 가 는 길 이 　 험 난 타 해 도 　 맹 세 코 초 지 일 관
중 생 이 끝 이 없 다 　 말 들 을 해 도 　 보 현 의 만 행 다 해

서 원 이 라 네 　 기 어 코 육 바 라 밀 　 성 취 를 하 여 -
서 원 이 라 네 　 구 류 를 그 릇 따 라 　 깨 닫 게 하 여 -
제 도 를 하 여 　 유 정 과 무 정 모 두 　 다 한 그 날 이 -

불 보 살 님 큰 은 - 혜 - 에 　 보 - 답 하 - 면 서
스 승 님 의 큰 은 - 혜 - 에 　 보 - 답 하 - 면 서
삼 보 님 의 큰 은 - 혜 - 를 　 갚 - 는 날 - 이 니

영 원 히 구 제 의 길 　 나 는 - 가 리 - 　 라
영 원 히 구 제 의 길 　 나 는 - 가 리 - 　 라
영 원 히 구 제 의 길 　 나 는 - 가 리 - 　 라

반조 염불가

작사 문재현
작곡 배신영
노래 홍노경

느리게

님께 — 서 베 푸 신 자 비 의 은 혜 오 늘
본 래 — 에 드 러 난 나 인 걸 몰 라 낙 원

도 감 사 한 맘 — 어 — 찌 — 잊 으 리 리
을 고 해 로 서 — 사 — 는 — 삶 이 니

가 르 침 따 름 만 — 이 살 길 이 란 다 짐 으 로 간
가 르 침 따 름 만 — 이 살 길 이 란 다 짐 으 로 반

절 히 시 시 때 때 회 광 반 조 아 — 미 타 불 — 백 —
조 의 아 미 타 불 나 도 잊 은 삼 매 의 앎 — 깨 —

팔 염 주 일 상 화 로 기 어 이 — 크 게 깨 처 크 나
닫 기 에 좋 은 때 니 기 어 이 — 원 을 이 뤄 금 생

크 — 님 — 의 은 혜 갚 으 리 라 아 미 타 — 불 —
에 — 구 — 제 중 생 불 은 갚 길 아 미 타 — 불 —

Fine

소중한 삶

작사 문재현
작곡 배신영
노래 홍노경

(모데라토) ♩ = 100

석가모니불

작사 문재현
작곡 배신영
노래 홍노경

국악가요

맹서의 노래

작사 문재현
작곡 배신영
노래 홍노경

느리게

염원의 노래

작사 문재현
작곡 배신영
노래 홍노경

느리게

가 - 그 언젠 - 가 - 내 살던 이곳이 - 잡 즈
노을 - 빛 - 속에 - 눈 감고 서 서 - 덧 -

초에 - 덮였으 - 니 연 - 못과 누대는 어디메냐 - 짙 은
없는 - 인생사 - 를 깨 - 워

주리라 맹세하 네 사 람과 사람마다 - 영 원한 한 물건 -
꽃 피어 화려함은 - 우 리님 맘 이요 -

본 래에 지녔으 니 - 모래 알 진주를 이 루듯 이 오 늘 의고뇌를 - 미 -
곳 곳의 화평함은 - 우리님억 겁의서 원이 라 우주법계모두 가 성 -

소 로인 고 - 하 며 보 - 배를 이 - 뤄가 는 희망
품 - 의 - 낙 원 거 - 룩한 소 - 원성 취 노래

으 로 살아 가 세
로 써 불 려 져 라

Fine

음성공양

작사 문재현
작곡 배신영
노래 홍노경

느리게

발심가

작사 문재현
작곡 배신영
노래 홍노경

보사노바

우 - 리네 한 세상 - 　 보람찬 삶 - 으로 -
참 - 나를 깨 달아 - 　 보 림을 하 - 고요 -
본 - 연 - 한 몸의 - 　 능 력을 베 - 풀어 -
눈 - 깜박하 는 새 - 　 한 세상 다 - 가고 -

바 꾸 기 위 - 하 여 - 　 닦 아 들 봅 - 시 다 -
자 비 심 발 - 하 여 - 　 구 제 길 나 - 서 서 -
극 - 락 세 - 계 - 　 장 엄 을 하 - 구 요 -
부 귀 와 공 - 명은 - 　 잠 시 의 꿈 - 이 라 -

청 춘 - 홍 안 이 - 　 얼 마 나 길 - 던 가 -
중 생 들 세 계 에 - 　 고 통 을 없 - 애 어 -
둥 실 - 두 둥 실 - 　 누 리 기 위 - 하 여 -
이 러 한 되 풀 이 - 　 금 생 에 끝 - 내 어 -

꿈 꾸 는 사 - 이 에 - 　 백 발 이 된 - 다 네 -
극 락 이 되 - 도 록 - 　 최 선 을 다 - 하 세 -
오 늘 의 어 - 려 움 - 　 극 복 을 해 - 내 세 -
윤 회 의 사 슬 에 서 - 　 벗 어 나 납 - 시 다 -

1-2절 D.C
3-4절

자비의 품

작사 문재현
작곡 배신영
노래 홍노경

느리게

자 대비보살 의 사 랑 알지못 하고-
자 대비보살 의 사 랑 자비의 품을-

외 면한 저중생 들을- 그 래도 가- 없어-
떠 나간 저중생 들을- 저 리도애- 타게-

잊-지 못 하 는 그 진한- 마음 모른
부르고 부르는 절절한- 마음 새기

체 하고- 업따라 갈 수가 있- 나- 아- 아 하늘땅
고 새기면- 업따라 갈 수가 있- 나- 아- 아 하늘땅

사 이- 다시 또 없는 자비의 품에- 어서돌아 와
사 이- 다시 또 없는 자비의 품에- 어서돌아 와

감 로수 에 소- 원이루- 라- Fine
감 로수 에 소- 원이루- 라-

부처님 은혜 1

작사 문재현
작곡 배신영
노래 홍노경

느리게

노을이 짙고 새둥지 찾을 땐- 부처님의 절절한- 말씀 생각이 나고

눈에 이슬 맺힌채- 참회 기도- 명상으로써 억 겁업을-

재우노라면 구름그늘- 서늘한바람 불어옴을- 맞음 이랄까-

상쾌하고 확트인 가슴- 희망의 미- 소

입가에 번 지- 고 콧노래가 절로 흘러나 온다- 고맙

습 니다- 참 고맙습니다 더없이큰 부처님은혜

구류중 생을- 구제함으로써 갚는것이 서원- 입니다 서원

향 해- 뛸- 것입니다- 서원향해 다할것입니- 다-

Fine

보살의 마음

작사 문재현
작곡 배신영
노래 홍노경

파 도에 실려 떠가 는 낙엽같이 살아가는 인 생-
구 원코 자- 따라 주 며 같이 하는 자- 비인데-

제 안경에 보인대 로 말 들- 하- 지 만-
눈 이 멀고 귀가 먹은 저 들- 이- 지 만-

못 들 은 척- 모르는 척 최- 선- 다하- 리
황소 처럼- 지장처 럼 최- 선- 다하- 리

바- 른 눈 바- 른 맘 통쾌- 히 열어라-
지- 혜 눈 지- 혜 맘 통쾌- 히 열어라-

아- 아 아- 아 그- 날- 이-
아- 아 아- 아 그- 날- 이-

그- 날 이 오기만 을 기다 리 는 마- 음-
그- 날 이 오기만 을 기다 리 는 마- 음-

부록4 - 가슴으로 부르는 불심의 노래 153

이 생에 해야 할일

작사 문재현
작곡 배신영
노래 홍노경

구도의 목표

작사 문재현
작곡 배신영
노래 홍노경

느리게

눈 뜨면 관음 우러 러 보문을 따르며 – 하

루 하루 를 최 선 – 다 하 는 일 에

언 제 나 떳떳한 불 자 로 서원코 큰은 혜 갚는 보 살 – 행 –

대자대 비 를 – 베 – 풀어 어느때 어느곳 그 무엇 – 가리지 않는

이 – 로 – 제 – 일의 – 사 표가 될 것을 목 표로 삼 을

겁 니 다 아 아 사 바 의 세 계 가

다 하는 – 그 날 까 지

D.S.

Fine

님은 아시리

작사 문재현
작곡 배신영
노래 홍노경

사 계 절 의 - 풍 광 인 들 - 위 로 되 겠 - 니
같 이 되 지 않 아 - 기 도 에 - 젖 - 은

- 서 사 시 의 - 음 률 인 들 - 쉬 - 어 지 - 겠 - 니 - 뜻 과
이

마 음 님 은 - 아 - 시 - 리 - 한 세 상 열
정 춘 의 모

정 쏟 아 닦 는 수 행 길 - 불 보 살 님 출 현 하 셔 베
든 욕 - 망 사 뤄 버 리 고 - 회 광 반 조 촌 각 아 낀 열

푼 자 - 비 에 - 모 든 망 상 - 모 - 든 번 -
정 쏟 아 서 - 이 룬 선 정 - 그 효 력 -

뇌 없 었 으 면 좋 으 련 만 마 음 대 로 - 안 되 는 게 - 수 행 이 더
이 있 었 으 면 좋 으 련 만 마 음 대 로 - 안 되 는 게 - 보 림 이 더

라 수 행 이 더 라 - 마 음 대 로 - 안 되 는 게 - 수 행 이 더 라 수 행 이 더 라 -
라 보 림 이 더 라 -

부처님 은혜 2

성중성인 오셨네

(초파일노래)

작사 문재현
작곡 배신영
노래 홍노경

가사:

음력 사월 초 - 파일은 - 온누리의 제 - 일이신 - 성중
음력 사월 초 - 파일은 - 온누리의 제 - 일이신 - 성중

성인 부 - 처님이 이땅 위에 오 - 신날 - 괴로
성인 부 - 처님이 이땅 위에 오 - 신날 - 너를

움을 낙원으로 - 어두움을 - 광명으 - 로 바꾸
알란 그가르 - 침 - 펼치려고 - 오심이 - 니 자아

려 - 는 숙 - 원을 시작하신날 - 너나 없 이 모두
완 - 성이 - 룩 - 해 우리이 땅 - 이대로 를 낙원

함께 - 경축하세 모두 함께 경축하 - 세 - 모두
으로 - 누려보세 낙원 으로 누려보 - 세 -

함 께 경 축 하 - 세 -

158 화엄경 1권

내 문제는 내가 풀자

작사 문재현
작곡 배신영
노래 홍노경

조금빠르게

즐거운 밤

작사 문재현
작곡 배신영
노래 홍노경

산 사의 - 연-등불빛 - 아롱다롱 - 한들한들 -
그윽한 울림속의 - 모두가 정-성 -
맘모은 축하속꿈실은 - 발원의 미소를지으며
즐겁게노래하면 - 아롱다롱 연등불도 흥겨웁고 - 자비
한 여래품의 포근한 이한밤
을 석-가 모-니-불- 석가모니불- 나-
무 석-가-모니- 불-

Fine

관 음 가

작사 문재현
작곡 배신영
노래 홍노경

조금빠르게 ♩ = 130

부 처 님

작사 문재현
작곡 배신영
노래 채연희

Slow GoGo ♩ = 80

이 슬방울 의 아 침햇빛 보다 −

영 롱한 님이 시 고 − 금 구슬에 − 반 짝이는 −

빛 보 다 아 름 다운 님이 시 며 −

보 석의 찬란한 빛 보다 눈 부 신 님이시기 에 생각

만 하여도 설 레 이 고 이 름만 들어도 행 복한 님

영 원한 우 리 들의 님 이십 − 니 − 다

열반재일

작사 문재현
작곡 배신영
노래 채연희

Slow GoGo ♩= 86

가사

인 연 다 함- 아 시 기 에- 구 제 방 편- 거 두 시 어-
대 자 대 비- 거 룩 하 신- 가 르 치 심- 이 세 상 에-

열 반 드 신- 그 자 재 는- 그 누 구 가- 흉 내 인 들-
길 이 길 아 펼 쳐 져 서 그 언 젠 가- 이 고 해 가-

내 오 리 까- 오 고 감 을 뜻 대 로 한
낙 원 으 로- 되 는 날 을 믿 는 마 음

거- 룩 함 에 정 례 합 니 다 정
우- 러 러 서 정 례 합 니 다 정

례 합- 니 다- Fine
례 합- 니 다-

성도재일

작사 문재현
작곡 배신영
노래 채언희

찬양합니다 찬양합니다 도 이루심 찬양합니 다
맹세합니다 맹세합니다 부처님의 뒤를 이어 서

이 세상 에 그 어떤- 일 인들이보다 기쁘고거룩한일
생 사고통 영원히- 면 하게이끄신 봉화의바른불빛

있- 으- 리 그 옛 날 의 오 늘 이룬
지- 혜- 로 어 둔 그 늘 모 두 밝 혀

부 처 님 의 광 명 지 혜 없 었 다- 면
부 처 님 의 세 상 으 로 바 꿔 놓- 는

중 생 들- 이 생 사 고 통 면 할 길 을
그 일 에- 서 제 일 가 는 모 습 보 여

감 히 어 찌 알 았 으 리 감 사 합 니 다
부 처 님 의 은 혜 갚 음 지 켜 보 소 서

감 사 합 니 다
지 켜 보 소 서

석굴암의 노래

님의 모습

작사 문재현
작곡 배신영
노래 채연희

무 지 개 를   타 — 고   나 — 툰 — 모 —
나 에 게 서   깨 — 워   주 — 신 — 모 —
그 대 로 가   유 — 마   묵 — 연 — 마 —

습
습
음

Fine

믿고 따르세

작사 문재현
작곡 배신영
노래 채연희

고 - 해일 - 러　낙원이라 한　불보 - 살님그 - 말씀 의
참　나 깨 - 친　밝은 지혜 로　선행 - 닦아사 - 상없　는

진　실 한 경지　알 러 - 거든　보 고 듣 는　그 곳 향 해
일　상 의 생 활　이 루 - 는 날　고 해 일 러　낙 원 이 란

명 - 상 하 - 게　명 상 - 으로분 - 별
말 - 씀 의 - 뜻　내 - 뜻 되 - 어

망　상 없 - 어 지　고　고 요 로 움　극 해 지 면
큰 웃 음 을 - 껄 껄 짓　고　대 장 부 로　삼 계 구 할

불 멸 의 나 깨 - 치　네
서 원 세 워 행 - 하 리

Fine

168　화엄경 1권

신명을 다하리

작사 문재현
작곡 배신영
노래 채연희

Slow ♩ = 64 국악가요

사바세계- 사-는 그게
죄를짓는바탕이라 크나큰- 자비로-써
이끄시는 가르침에 신명다해- 따름으로
두팁-다는-업녹으면 무명깨고 자성밝혀 큰웃
음을지으리-니 그-날-에 가
르치신 큰은혜를 갚-으리라 음 어떤
고난 있-다해도 큰의지로- 극복해서 온 누
리를- 정토의낙원 으로 이루-리라 그-날-

음 -
음 -

코러스

부처님께 바치는 마음

작사 문재현
작곡 배신영
노래 채연희

Slow ♩ = 78

늘 새롭게 태어남으로 누리는
늘 새롭게 태어남으로 오늘도

삶을 깨닫게 이끌어 주신 부처님 어-
또한 내일도 함없는- 함의 즐거움 어-

찌 감사함으로 만족하리까
찌 누림으로만 만족하리까

부처님처럼 관세음-처럼 닦고 이루고 갖추어 서 베
부처님처럼 관세음-처럼 그리 되도록 최선다 해 구

품-으로- 구제하는맘 구류가 다한날 까 지
류-들을- 구제해내는 대자비의무장으로 써

최선다함만이 크나큰은-혜 갚음이라 영원히 신-
신명다함만이 크나큰은-혜 갚음이라 부처님 전-

명 다할 겁 - 니다
에 합장합 - 니다

Fine

감사합니다

작사 문재현
작곡 배신영
노래 채연희

교 화 가

작사 문재현
작곡 배신영
노래 채연희

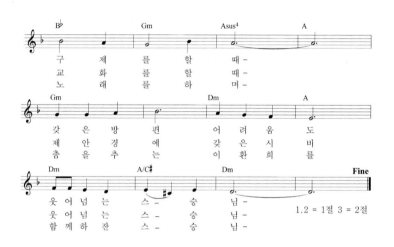

구 제 를 할 때 -
교 화 를 할 때 -
노 래 를 하 며 -

갖 은 방 편 어 려 움 도
제 안 경 에 갖 은 시 비
춤 을 추 는 이 환 희 를

웃 어 넘 는 스 - 승 님 -
웃 어 넘 는 스 - 승 님 -
함 께 하 잔 스 - 승 님 -

1.2 = 1절 3 = 2절

섬진강 소초

작사 문재현
작곡 배신영
노래 채연회

광양-포구 팔십-리의 거룻배에몸을신 고
하동-포구 팔십-리에 거룻배를띄워놓 고

석양노을 고운빛에 물새도맘읽누 나
노을들어 법문하니 어우러진웃음이 네

광양하동 어우름의 한결같은섬진강 은
이위력이 세상그늘 모두거둬열린세 상

머언머언 그날에도 오늘처럼-흐르리 라
평등낙원 누림으로 노래하며-살게되 리

우리도저런맘 길이지녀 누리며사 세
그날을위한삶 모두함께 노력해사 세

Fine

권 수 가 1

작사 문재현
작곡 배신영
노래 채연희

Bounce ♩ = 120

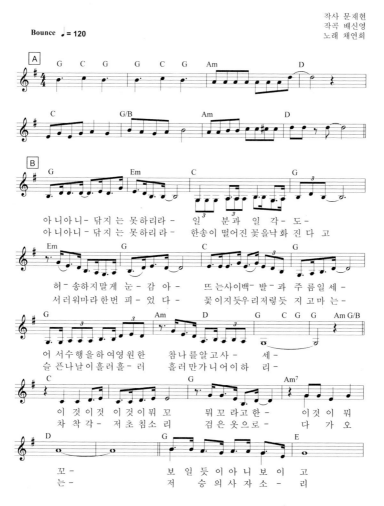

아니아니- 닦지 는 못하리라 -   일 분과 일 각 - 도 -
아니아니 - 닦지 는 못하리라 -   한송이 떨어진 꽃을낙화 진 다 고

허 - 송하지말게 눈 - 감 아 -   뜨 는사이백 - 발 - 과 주 름일세 -
서러워마라 한번 피 - 었 다 -   꽃 이지듯우리저렇듯 지 고마 는 -

어 서수행을하여영원한   참나를알고사 - 세 -
슬 픈나날이흘러흘 - 러   흘러 만가니어이하 리 -

이 것이것 이 것이뭐 꼬   뭐 꼬 라고한 -   이 것이 뭐
차 착각 - 저초 침소 리   검 은옷으로 -   다 가 오

꼬 -   보 일듯이아니보 이 고
는 -   저 승의사자소 - 리

이룰듯하다가 놓쳤으니 - 하루하루가 태산만같게
어찌아 니 슬플쏜가 - 숙 - 명적인 인과라해도

커져만 - 가는게 의심일세 - 얼 씨구나 좋 다 -
극복해 - 넘기에 어려웁네 - 얼 씨구나 좋 다 -

지 화 자 좋 네 - 아니닦지 는 -코러스-
지 화 자 좋 네 - 아니닦지 는

못 - 하 리 - 라 -
못 - 하 리 - 라 -

Fine

권 수 가 2

작사 문재현
작곡 배신영
노래 채연희

두타의수행을 인내로써 하루하루를 수행해왔던
역-대조-사 무공적의 명-월삼경 이좋은밤을

결실로-얻어진 과위라네 얼씨구나 좋다
두둥실-두둥실 즐겨보세 얼씨구나 좋다

지 화 자 좋 네 아니 닦지 는 -코러스-
지 화 자 좋 네 아니 닦지 는

못 - 하 리 - 라 Fine
못 - 하 리 - 라

우란분재일

작사 문재현
작곡 배신영
노래 채연희

Trot in4 (double beat) ♩ = 134

A Gm · E♭ D7 Gm · E♭ D7

B Gm D7 Gm Am7(♭5) Dsus7 D

우 란 분 재 맞-이 해 서　대 자 대 비-부 처-님　을
정 성 어 린　마-음 으 로　이 고 득 락-비 옵-나　니

Gm D7 E♭ Am7 D7

이 자-리 에　청 해 모 셔　다 생 부 모　왕 생 극　락
세 상-애 착　모 두 끊 고　부 처 님 의　그 세 상　에

D7 Gm D7 Gm

정 성 다 한 맘 입 니 다　지 혜 짧 아　못-미-처 서
나 시 기 만 원 합 니 다　다 생 겁 에　경-험-하 신

Gm D Gm Cm6 D7

중 한 은 혜 입-고 서 도　보 은 보 답　못 하 고 서
부 질 없 는 몸-종 노 릇　그 허 망 을　떨 침 만 이

Gm D7 Cm Gm11

이 생 까 지 이-른 것 을　머 리-숙 여　부 처 님 께
윤 회 고 를 벗-어 나 는　길 이-오 니　그 리 되 길

E♭ D7 D7 Gm

참 회 합 니　다　참 회 합 니　다
비 옵 나 이-다　비 옵-나 이-다

Fine

고맙습니다

작사 문재현
작곡 배신영
노래 채연희

믿음으로 여는 세상

작사 문재현
작곡 배신영
노래 채연희

우리들모두가 부처님의지해 - 활짝열린가슴으로 써
우리들모두가 참선을할때는 - 모두비워명경지수 로

다 같 이 도와서 - 살아들간 - 다면 훈풍같은앞날이리 라
참 나 를 관조해 - 실경에사 - 무처 깨달아서활짝웃는 날

아 - 즐 - 겁게 즐겁게마 - 음을 다스려참모습을 이루노라 면
아 - 즐 - 겁게 즐겁게법 - 담을 함으로꽃피울걸 맹세를하 고

정 - 토의세상이 우 리 를 맞 - 으리 우리모두기도합시
정 - 진에정진을 정 진 에정 - 진을 우리모두실천합시

다 다 같 이 기 도 합 시 - 다
다 다 같 이 실 천 합 시 - 다

출가재일

작사 문재현
작곡 배신영
노래 채연희

장하십니다 장하십니다
장하십니다 장하십니다

그의 지가 장하십니다
갖은 역경 부딪쳐 서도

이 세상의 모든 사람 탐을 내는 왕의 지위 와
초 지일관 변함없음 우러러서 존경합니 다

왕비와의 궁중낙을 미련 없이 버리 시고
나 밖에서 찾으려는 어리석음 버리 고서

고 - 행수 - 도 하겠 다 한 - 군은의 지 머리
내 - 안에 - 서 찾으 려한 - 깨침향한 군은

숙 여찬 탄합니 다 찬 탄합 니다
의 지찬 탄합니 다 찬 탄합 니다

Fine

염　원

작사 문재현
작곡 배신영
노래 채연희

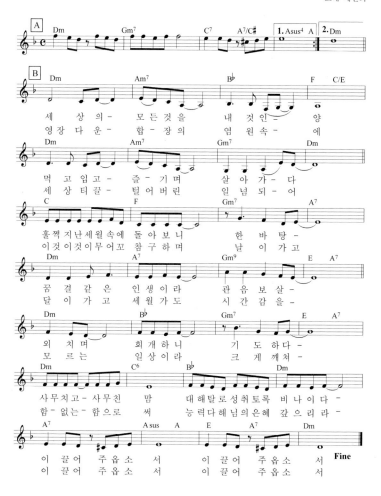

우리네 삶, 고운 수로

작사 문재현
작곡 배신영
노래 채연희

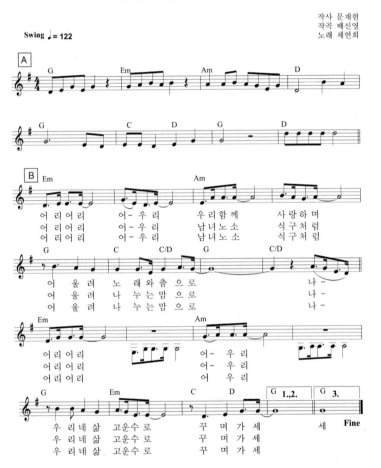

숲속의 마음

작사 문재현
작곡 배신영
노래 채연희

Disco ♩ = 120

푸른 숲 - 속의　고 색짙은절 찾아
깊고 그 - 윽한　산사찾아온 마음
사람다 - 움을　생각하며걷는 길

라 - 　라 - 　친구들과　굽이굽이
라 - 　라 - 　친구들과　사색하는
라 - 　라 - 　친구들과　주고받는

걷는길　가　계곡물도　반 - 기는
가부좌　에　관음보살　미 - 소를
오늘의　말　길가벌도　조 - 용한

소리좋고도　좋　아　콧 - 노래　응 -
짓고좋고도　좋　아　나 - 는야　응 -
미소좋고도　좋　아　맘 - 노래　응 -

새들도　합창을　하　네
마음꽃　활짝피었　네
숲길도　어깨춤추　네

Fine

부록4 - 가슴으로 부르는 불심의 노래　185

사 색

작사 대원 문재현
작곡 배신영

조용—히 눈—감고—서 참—나를살펴— 봐 요
조용—한 사—색으—로 깨—달아살펴— 보 면

갖 은 생 각 모 든 행 이 이로좇아있건만— 은
온 갖 지 혜 모 든 덕 이 이로좇아있—음— 에

색깔도모양도없 어 알—고파서 사 색일 세 모든걸내려놓고—
그능력베풀고펼 처 누—리려고 수 행일 세 모두를다비우고—

쉬는시 간사 색으 로 한 걸음또한걸음 다가서는노력다해 기어이성취하여
님의자 취따름으 로 한 걸음또한걸음 극락세계다가가서 기어이성취하여

낙 원 의—삶—누 리 려 네
너 나 없—이—누 려 보 세

천부경을 아시나요

작사 대원 문재현
작곡 배신영

우 리 조 상   깊 - 은 진 리   천 부 경 을 아 시 나   요
바 른 진 리   깨 - 달 아 서   이 세 상 을 바 로 봐   요

여 든 - - -   한 - 자 속 에 누 리 의 - 온 이 - 치 - -   를
마 음 - - -   의 능 - 력 으 로 펼 쳐 놓 은 장 엄 - 이 -   라

남 김 없 이 -   담 으 셨 - 네 -   필 부 의 사 내 - 라   도
화 려 하 고 -   아 름 답 - 네 -   이 땅 인 이 대 - 로   가

마 음 을 - 갈 고 닦 -   아 영 원 한 참 - 나 께 -   쳐
낙 원 의 - 세 계 이 -   니 노 래 와 춤 - 으 로 -   써

환 인 -   큰 은 혜 에 보   답 - 해 사 -   세
어 깨 -   동 무 하 고 영   원 - 히 사 -   세

보 살 가

작사 대원 문재현
작곡 김동환

너무느리지않게 ♩ = 80

세상사에어 울린 구 제의길

어려움도웃어넘긴 이 마음을 흰 구름너도알리 라

성불의보리과를 이루기위해 두타의수행으로 써

이세계저세계서 닦았던보현행을 영원히펼치 — 리

도서출판 문젠(Moonzen)의 책들

1~5. 바로보인 전등록 (전30권을 5권으로)

7불과 역대 조사의 말씀이 1,700공안으로 집대성되어 있는 선종 최고의 고전으로, 깨달음의 정수가 살아 숨쉬도록 새롭게 번역되었다.

464, 464, 472, 448, 432쪽.

각권 18,000원

6. 바로보인 무문관

황룡 무문 혜개 선사가 저술한 공안집으로 전등록, 선문염송, 벽암록 등과 함께 손꼽히는 선문의 명저이다.

본칙 48개와 무문 선사의 평창과 송, 여기에 역저자인 대원 문재현 선사의 도움말과 시송으로 생명과 같은 선문의 진수를 맛보여 주고 있다.

272쪽. 12,000원

7. 바로보인 벽암록

설두 선사의 설두송고를 원오 극근 선사가 수행자에게 제창한 것이 벽암록이다.

이 책은 본칙과 설두 선사의 송, 대원 문재현 선사의 도움말과 시송으로 이루어져, 벽암록을 오늘에 맞게 바로 보이고 있다.

456쪽. 15,000원

8. 바로보인 천부경

우리 민족 최고(最古)의 경전 천부경을 깨달음의 책으로 새롭게 바로 보였다. 이 책에는 81권의 화엄경을 81자에 함축한 듯한 천부경과, 교화경, 치화경의 내용이 함께 담겨 있으며, 역저자인 대원 문재현 선사가 도움말, 토끼뿔, 거북털 등으로 손쉽게 닦아 증득하는 문을 열어놓고 있다.

432쪽. 15,000원

9. 바로보인 금강경

대원 문재현 선사의 『바로보인 금강경』은 국내 최초로 독창적인 과목을 내어 부처님과 수보리 존자의 대화 이면의 숨은 뜻을 드러내고, 자문과 시송으로 본문의 핵심을 꿰뚫어 밝혀, 금강경 전체를 손바닥 안의 겨자씨를 보듯 설파하고 있다.

488쪽. 15,000원

10. 세월을 북채로 세상을 북삼아

대원 문재현 선사의 선시가 담긴 선시화집 『세월을 북채로 세상을 북삼아』는 선과 시와 그림이 정상에서 만나 어우러진 한바탕이다. 선의 세계를 누리는 불가사의한 일상의 노래, 법열의 환희로 취한 어깨춤과 같은 선시가 생생하고 눈부시게 내면의 소리로 흐른다.

180쪽. 15,000원

11. 영원한현실

애매모호한 구석이 없이 밝고 명쾌하여, 너무도 분명함에 오히려 그 깊이를 헤아리기 어려운, 대원 문재현 선사의 주옥같은 법문을 모아 놓은 법문집이다.

　400쪽. 15,000원

12. 바로보인 신심명

신심명은 양끝을 들어 양끝을 쓸어버리는, 40 대치법으로 이루어진, 3조 승찬 대사의 게송이다.

이를 대원 문재현 선사가 바로 번역하는 것은 물론, 주해, 게송, 법문을 더해 통쾌하게 회통하고 자유자재 농한 것이 이 『바로보인 신심명』이다.

　296쪽. 10,000원

13~17. 바로보인 환단고기 (전5권)

『바로보인 환단고기』 1권은 민족정신의 정수인 환단고기의 진리를 총정리하여 출간하였다.

2권에는 역사총론과 태초에서 배달국까지 역사가 실려있으며, 3권은 단군조선, 4권은 북부여에서부터 고려까지의 역사가 실려있다. 5권에는 역사를 증명하는 부록과 함께 환단고기 원문을 실었다.

　344 · 368 · 264 · 352 · 344쪽. 각권 12,000원

18~47. 바로보인 선문염송 (전30권)

선문염송은 세계최대의 공안집이다. 전 공안을 망라하다시피 했기에 불조의 법 쓰는 바를 손바닥 들여다보듯 하지 않고는 제대로 번역할 수 없다. 대원 문재현 선사는 전 공안을 바로 참구할 수 있게끔 번역하고 각 칙마다 일러보였다.

352 368 344 352 360 360 400 440 376 392 384 428 410 380 368 434 400 404 406 440 424 460 472 456 504 528 488 488 480 512쪽 각권 15,000원

48. 앞뜰에 국화꽃 곱고 북산에 첫눈 희다

대원 문재현 선사의 선문답집으로 전강·경봉·숭산·묵산 선사와의 명쾌한 문답을 실었으며, 중앙일보의 <한국불교의 큰스님 선문답> 열 분의 기사와 기자의 질문에 대한 대원 문재현 선사의 별답을 함께 실었다.

200쪽. 5,000원

49. 바로보인 증도가

선종사에 사라지지 않을 발자취로 남은 영가 선사의 증도가를 대원 문재현 선사가 번역하고 법문과 송을 더하였다.

자비의 방편인 증도가의 말씀을 하나하나 쳐가는 선사의 일갈이야말로 영가 선사의 본 의중과 일치하여 부합하는 것이라 아니할 수 없다.

376쪽. 10,000원

50. 바로보인 반야심경

이 시대의 야부 선사, 대원 문재현 선사가 최초로 반야심경에 과목을 붙여 반야심경 내면에 흐르는 뜻을 밀밀하게 밝혀놓고 거침없는 송으로 들어보였다.

200쪽. 10,000원

51~52. 선(禪)을 묻는 그대에게 (전10권 중 2권)

대원 문재현 선사의 선수행에 대한 문답집. 깨달아 사무친 경지에 대한 밀밀한 점검과, 오후보림에 대한 구체적인 수행법 제시와, 최초의 무명과 우주생성의 원리까지 낱낱이 설한 법문이 담겨 있다.

280쪽, 272쪽. 각권 15,000원

53. 바로보인 선가귀감

선가귀감은 깨닫고 닦아가는 비법이 고스란히 전수되어 있는 선가의 거울이라 할 만하다. 더욱이 바로보인 선가귀감은 매 소절마다 대원 문재현 선사의 시송이 화살을 과녁에 적중시키듯 역대 조사와 서산대사의 의중을 꿰뚫어 보석처럼 빛나고 있다.

352쪽. 15,000원

54. 바로보인 법융선사 심명

심명 99절의 한 소절, 한 소절이 이름 그대로 마음에 새겨두어야 할 자비광명들이다. 이 심명은 언어와 문자이면서 언어와 문자를 초월한 일상을 영위하게 하는 주옥같은 법문이다.

278쪽. 12,000원

55. 주머니 속의 심경

반야심경은 부처님이 설하신 경 중에서도 절제된 경으로 으뜸가는 경이다. 대원 문재현 선사의 선송(禪頌)도 그 뜻을 따라 간략하나 선의 풍미를 한껏 담고 있다. 하루에 한 소절씩을 읽고 참구한다면 선 수행의 지름길이 될 것이다.

84쪽. 5,000원

56. 바로보인 법성게

법성게는 한마디로 화엄경의 핵심부를 온통 훤출히 드러내놓은 게송이다. 짧은 글 속에 일체의 법을 이렇게 통렬하게 담아놓은 법문도 드물 것이다.

이렇게 함축된 법성게 법문을 대원 문재현 선사가 속속들이 밀밀하게 설해놓았다.

176쪽. 10,000원

57. 달다 - 전강 대선사 법어집

이제는 전설이 된 한국 근대선의 거목인 전강 선사님의 최상승법과 예리한 지혜, 선기로 넘쳤던 삶이 생생하게 담겨 있는 전강 대선사 법어집 < 달다 > !

전강 대선사님의 인가 제자인 대원 문재현 선사가 전강 대선사님의 법거량과 법문, 일화를 재조명하여 보였다.

368쪽. 15,000원

58. 기우목동가

그 뜻이 심오하여 번역하기 어려웠던 말계 지은 선사의 기우목동가!

대원 문재현 선사가 바른 뜻이 드러나도록 번역하고, 간결한 결문과 주옥같은 선송으로 다시 보였다.

146쪽. 10,000원

59. 초발심자경문

이 초발심자경문은 한문을 새기는 힘인 문리를 터득하게 하기 위하여 일부러 의역하지 않고 직역하였다.

대원 문재현 선사의 살아있는 수행지침도 실려 있다.

266쪽. 10,000원

60. 방거사어록

방거사어록은 선의 일상, 선의 누림을 보여주는 대표적인 선문이다. 역저자인 대원 문재현 선사는 방거사어록의 문답을 '본연의 바탕에서 꽃피우는 일상의 함'이라 말하고 있다. 법의 흔적마저 없는 문답의 경지를 온전하게 드러내 놓은 번역과, 방거사와 호흡을 함께 하는 듯한 '토끼뿔'이 실려 있다.

266쪽. 15,000원

61. 실증설

이 책의 모태는 대원 문재현 선사가 2010년 2월 14일 구정을 맞이하여 불자들에게 불법의 참뜻을 보이기 위해 홀연히 펜을 들어 일시에 써내려간 이 책의 3부이다. 실증한 이가 아니고는 설파할 수 없는 일구 도리로 보인 이 3부와 태초로부터 영겁에 이르는 성품의 이치를 문답과 인터뷰 법문으로 낱낱이 설한 1, 2를 보아 실증하기를…

224쪽. 10,000원

62. 하택신회대사 현종기

육조대사의 법이 중국천하에 우뚝하도록 한 장본인, 하택신회대사의 현종기. 세간에 지해종도로 알려져 있는 편견을 불식시키는 뛰어난 깨달음의 경지가 여기에 담겨있다. 대원 문재현 선사가 하택신회대사의 실경지를 드러내고 바로보임으로써 빛냈다.

232쪽. 10,000원

63. 불조정맥 - 韓·英·中 3개국어판

석가모니불로부터 현 78대에 이르기까지 불조정맥진영(佛祖正脈眞影)과 정맥전법게(正脈傳法偈)를 온전하게 갖춘 최초의 불조정맥서. 대원 문재현 선사가 다년간 수집, 정리하여 기도와 관조 끝에 완성한 『불조정맥』을 3개 국어로 완역하였다.

216쪽. 20,000원

64. 바른 불자가 됩시다

참된 발심을 하여 바른 신앙, 바른 수행을 하고자 해도, 그 기준을 알지 못해 방황하는 불자님들을 위해 불법의 바른 길잡이 역할을 하도록 대원 문재현 선사가 집필하여 출간하였다.

162쪽. 10,000원

65. 누구나 궁금한 33가지

21세기의 인류를 위해 모든 이들이 가장 어렵고 궁금해 하는 문제, 삶과 죽음, 종교와 진리에 대한 바른 지표를 제시하고자 대원 문재현 선사가 집필하여 출간하였다.

180쪽. 10,000원

66. 108진참회문 - 韓·英·中 3개국어판

전생의 모든 악연들이 사라져 장애가 없어지고, 소망하는 삶을 살게 하기 위해 대원 문재현 선사가 10계를 위주로 구성한 108 항목의 참회문이다. 한 대목마다 1배를 하여 108배를 실천할 것을 권한다.

170쪽. 15,000원

67. 달마의 일할도 허락지 않는다

대원 문재현 선사의 짧고 명쾌한 법문집. 책을 잡는 순간 달마의 일할도 허락지 않는 선기와 맞닥뜨리게 될 것이다. 때로는 하늘을 찌를 듯한 기세와, 때로는 흔적 없는 공기와도 같은 향기를 일별하기를…

190쪽. 10,000원

68. 마음대로 앉아 죽고 서서 죽고

생사를 자재한 분들의 앉아서 열반하고 서서 열반한 내력은 물론 그분들의 생애와 법까지 일목요연하게 수록해놓았다.

446쪽. 15,000원

69. 화두 - 韓·英·中 3개국어판

『화두』는 대원 문재현 선사의 평생 선문답의 결정판이다. 생생하게 살아있는 선(禪)을 한·영·중 3개국어로 만날 수 있다. 특히 대원 문재현 선사의 짧은 일대기가 실려 있어 그 선풍을 음미하는 데에 큰 도움을 주고 있다.

440쪽. 15,000원

70. 바로보인 간당론

법문하는 이가 법리를 모르고 주장자를 치는 것을 눈먼 주장자라 한다. 법좌에 올라 주장자 쓰는 이들을 위해서 대원 문재현 선사가 간당론에서 선리(禪理)만을 취하여 『바로보인 간당론』을 출간하였다.

218쪽. 20,000원

71. 완전한 우리말 불공예식법

부처님께 공양을 올리고 불보살님의 가피를 구하는 예법 등을 총칭하여 불공예식법이라 한다. 대원 문재현 선사가 이러한 불공예식의 본 뜻을 살려서 완전한 우리말본 불공예식법을 출간하였다.

456쪽. 38,000원

72. 바로보인 유마경

유마경은 가히 불법의 최정점을 찍는 경전
이라 할 것이니, 불보살님이 교화하는 경지
에서의 깨달음의 실경과 신통자재한 방편행
을 보여주는 최상승 경전이다. 대원 문재현
선사가 < 대원선사 토끼뿔 >로 이 유마경에
걸맞는 최상승법을 이 시대에 다시금 드날
렸다.

568쪽. 20,000원

73. 실증설 5개국어판 - 韓 · 英 · 佛 · 西 · 中 5개국어판

대원 문재현 선사가 불법의 참뜻을 보이기
위해 홀연히 펜을 들어 일시에 써내려간 실
증설! 실증한 이가 아니고는 설파할 수 없는
도리로 가득한 이 책이 드디어 영어, 불어,
스페인어, 중국어를 더하여 5개국어로 편찬
되었다.

860쪽. 25,000원

74. 누구나 궁금한 33가지 3개국어판 - 韓 · 英 · 中 3개국어판

누구라도 풀어야 할 숙제인 33가지의 의문에
대한 답을 21세기의 현대인에게 맞는 비유
와 언어로 되살린 『누구나 궁금한 33가지』
가 한글, 영어, 중국어 3개국어로 출간되었
다.

408쪽. 15,000원

75. 달마의 일할도 허락지 않는다 3개국어판
- 韓·英·中 3개국어판

대원 문재현 선사의 짧고 명쾌한 법문집인 『달마의 일할도 허락지 않는다』가 한글, 영어, 중국어 3개국어로 출간되었다. 전세계에서 유일하게 활선의 가풍이 이어지고 있는 한국, 그 가운데에서도 불조의 정맥을 이은 대원 문재현 선사가 살활자재한 법문을 세계로 전하고 있는 책이다.

308쪽. 15,000원

법문 MP3를 주문판매합니다

부처님의 78대손이신 대원(大圓) 문재현(文載賢) 전법선사님의 법문 MP3가 나왔습니다. 책으로만 보아서는 고준하여 알기 어려웠던 선문(禪文)의 이치들이 자세히 설하여져 있어서, 모든 궁금증을 시원하게 풀어줄 것입니다.

- 천부경 : 15,000원
- 신심명 : 30,000원
- 현종기 : 65,000원
- 기우목동가 : 75,000원
- 반야심경 : 1회당 5,000원 (총 32회)
- 선가귀감 : 1회당 5,000원 (총 80회)

- 금강경 : 40,000원
- 법성게 : 10,000원
- 법융선사 심명 : 100,000원

대원 선사님 작사 노래 CD 주문판매합니다

가슴으로 부르는 불심의 노래

1. 서 원 가 (3:36)
2. 반조 염불가 (4:00)
3. 소중한 삶 (2:30)
4. 석가모니불 (4:52)
5. 맹세의 노래 (4:25)
6. 영원의 노래 (3:25)
7. 음식 공양 (3:51)
8. 발 심 가 (3:05)
9. 자비의 품 (4:10)
10. 부처님 은혜(첫 번째) (4:34)

11. 보살의 마음 (3:50)
12. 이 생에 해야 할 일 (3:08)
13. 구도의 목표 (3:18)
14. 닮은 아시네 (3:42)
15. 부처님 은혜(두 번째) (4:34)
16. 성중성인 오셨네 (3:10)
17. 내 문제는 내가 풀자 (2:38)
18. 즐거운 밤 (2:27)
19. 한 올 가 (2:48)

• 가격 : 2만원

가슴으로 부르는 불심의 노래 2

1. 부 처 님 (4:01)
2. 열반재일 (3:09)
3. 성도재일 (4:00)
4. 석굴암의 노래 (3:19)
5. 님의 모습 (3:15)
6. 믿고 따르세 (2:55)
7. 신명을 다하리 (4:17)
8. 부처님께 바치는 마음 (3:49)
9. 감사합니다 (3:10)
10. 교 화 가 (4:30)

11. 성철강 소초 (3:08)
12. 권 수 가[1] (3:02)
13. 권 수 가[2] (3:02)
14. 우란분재일 (3:38)
15. 고맙습니다 (2:31)
16. 믿음으로 여는 세상 (3:05)
17. 출가재일 (2:44)
18. 엄 원 (2:52)
19. 우리네 삶, 고운 수로 (2:35)
20. 숲속의 마음 (2:33)

• 가격 : 1만5천원

문의 전화 ☎ 031-534-3373

유튜브에서 채널 구독하시고
무료로 찬불가 앨범을 감상하세요

유튜브에서 MOONZEN을 검색하시거나
아래의 주소로 접속해주세요

http://www.youtube.com/user/officialMOONZEN

화엄경 1권은 이룬절 포천정맥선원
고준인님의 보시에 의해 출간되었
습니다. 이 무량공덕으로 구경성불
하기를 기원합니다.